초등쌤이 알려주는 위대한
세계 위인의 비밀

초등쌤이 알려주는 위대한 세계 위인의 비밀

1판 1쇄 펴낸 날   2025년 3월 3일

지은이	이다인
그린이	신정아
디자인	최한나
펴낸이	박현미
펴낸곳	(주)이북스미디어
출판등록	2022년 4월 25일(제2022-000038호)
주소	서울시 용산구 임정로 11길 4
전화	031-949-9055
팩스	0505-903-5003
전자우편	admin@yibooks.co.kr

© 이다인·신정아, 2025
ISBN 979-11-983547-9-2 74710
      979-11-979285-8-1 (세트)

- 이 책은 저작권법에 의해 보호를 받으며 본사의 허락없이 복제 및 스캔 등을 이용해 무단으로 배포할 수 없습니다. 책의 내용을 재사용하려면 반드시 동의를 구해야 합니다.
- 잘못된 책은 구매처에서 교환해 드립니다.
- 책값은 뒤표지에 표시되어 있습니다.

초등쌤이 알려주는 위대한

세계 위인의 비밀

작가의 말

"저는 커서 에디슨 같은 과학자가 되고 싶어요."
"저는 피카소 같은 화가가 되는 게 꿈이에요."

멋진 위인들의 모습을 바라보며 꿈을 무럭무럭 키우는 친구들이 많아요. 대체 위인은 어떤 사람이길래 많은 사람에게 존경과 인정을 받는 걸까요? 사전에서 위인의 뜻을 찾아보면 '뛰어나고 훌륭한 사람'이라고 나와있어요. 최초의 세계 일주를 이뤄내고, 2000년간 아무도 풀지 못한 문제를 풀었으니 정말 훌륭하기도 하지요. 그러나 이들을 진짜 위인으로 만든 것은 사실 훌륭함 뒤에 있는 피나는 노력이에요.

드넓게 펼쳐진 강은 아주 가느다란 물줄기에서 시작되고, 고개를 한참 뒤로 젖히고 봐야 하는 으리으리한 건물도 벽돌 한 장을 쌓는 것에서부터 시작하지요. 멋진 결과에 이르기까지는 언제나 눈부신 노력의 과정들이 있어요. 이 책에 담긴 40명의 위인들 중 노력 없이 하루아침에 결과를 이뤄낸 사람은 단 한 명도 없는 것처럼요. 이들도 모두 우리와 같은 사람이기에 전부 각자의 시련과 고난이 있었지요. 가정 환경이 넉넉하지 못했거나 머리가 나쁘다는 이유로, 사회에서 무시당하기도 했고요. 인종 차별로 억울하게 감옥에 갇혀 수십 년을 보내기도 했어요. 하지만 이들은 환경에 좌절하고 주저앉기보다는 꿋꿋하게 일어서서 앞으로 나아가는 선택을 했어요. 거친 비바람 속에서도 물살을 헤치며 항해하는 배처럼 말이죠.

 이 책을 읽는 여러분들에게도 비바람이 부는 날이 있겠지요? 어렵고 지쳐서 포기하고 싶은 순간들 말이에요. 그때 필요한 건 바로 손바닥을 툭툭 털고 다시 나아가는 힘이에요. 비록 느리더라도, 또 한번 실패할지라도 말이죠. 여러분들이 책을 읽는 동안 다양한 분야 속 위인들의 삶 속에 녹아있는 그 힘을 발견할 수 있다면 좋겠습니다. 앞으로 여러분의 삶에서 다시 일어설 용기가 필요할 때 가장 든든한 존재가 되어줄 테니까요!

— 작가 이다인, 신정아

차례

1장 의학과 과학의 위인

1. 의학의 아버지 **히포크라테스** ········· 014
2. 모든 생명을 사랑한 **슈바이처** ········· 018
3. 미생물을 파헤친 생물학자 **파스퇴르** ········· 022
4. 등불을 든 여인 **나이팅게일** ········· 026
5. 포기를 모르는 발명가 **에디슨** ········· 030
6. 질문으로 세상을 바꾼 **뉴턴** ········· 034
7. 방사능과 일생을 함께한 **퀴리** ········· 038
8. 시공간을 새롭게 정의한 **아인슈타인** ········· 042

2장 문화와 예술의 위인

1. 언어로 부리는 마술 **셰익스피어** ········· 048
2. 꿈과 상상의 동화 속 세계로 **안데르센** ········· 052
3. 자유분방한 축구의 황제 **펠레** ········· 056
4. 시골 마을의 천재 작곡가 **모차르트** ········· 060
5. 전 세계가 열광한 록밴드 그룹 **비틀즈** ········· 064
6. 15세기 만능 재주꾼 **다빈치** ········· 068
7. 종이 위에 입체를 담은 화가 **피카소** ········· 072
8. 미키 마우스의 아버지 **디즈니** ········· 076

3장 정치와 사회의 위인

1. 노예에게 해방과 자유를! **링컨** ········· 082
2. 남아메리카의 독립 영웅 **볼리바르** ········· 086

③ 폭력보다 강한 비폭력 독립운동가 **간디** ·············· 090
④ 27년의 감옥 생활에서 대통령이 되기까지 **만델라** ·············· 094
⑤ 마음의 눈으로 세상을 바라보다 **헬렌켈러** ·············· 098
⑥ 세상의 어머니가 보여준 사랑과 보살핌 **테레사** ·············· 102
⑦ 침팬지의 가족이 된 동물학자 **구달** ·············· 106
⑧ 거침없이 용기를 보여준 언론가 **퓰리처** ·············· 110

4장 혁신과 기술의 위인

① 최초의 세계 일주에 도전한 **마젤란** ·············· 116
② **갈릴레이**가 선물한 새로운 우주 ·············· 120
③ 생명의 비밀을 풀어낸 **다윈** ·············· 124
④ 비행기로 오랜 소망에 닿다 **라이트 형제** ·············· 128
⑤ 시간을 선물한 자동차 왕 **포드** ·············· 132
⑥ 달에 딛은 인류 최초의 발걸음 **암스트롱** ·············· 136
⑦ 전쟁의 암호를 풀어라 **튜링** ·············· 140
⑧ 스마트폰 하나로 무엇이든 가능한 세상 **잡스** ·············· 144

5장 철학과 학문의 위인

① 질문으로 지혜에 다가간 철학자 **소크라테스** ·············· 150
② 사랑으로 유교를 창시한 **공자** ·············· 154
③ 세상의 만물은 수로 이루어져있다 **피타고라스** ·············· 158
④ 수학이 가장 쉬웠어요 **가우스** ·············· 162
⑤ 도덕적인 삶을 탐구한 철학자 **칸트** ·············· 166
⑥ 가격을 결정하는 보이지 않는 손 **스미스** ·············· 170
⑦ 새로운 교육의 시대를 연 **페스탈로치** ·············· 174
⑧ 누구보다 곤충에 진심 **파브르** ·············· 178

1장
의학과 과학의 위인

의학과 과학의 위인 ①

의학의 아버지
ㅎ ㅍ ㅋ ㄹ ㅌ ㅅ

① 히포크라테스　② 호피크라테스　③ 해피크라테스

히포크라테스의 명언

"현명한 자는 건강을 인간의 가장 큰 축복으로 여기고, 아플 땐 병에서 혜택을 얻어낼 방법을 스스로 생각하여 배워야 한다."

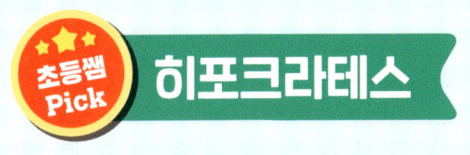

나는 네가 아픈 이유를 알고 있다

 감기에 걸려서 병원에 가본 적이 있을 거예요. 그때 의사가 "그 감기는 신께서 당신을 벌하기 위해 내린 질병입니다." 라고 이야기한다면 어떨까요? 지금 들으면 말도 안 된다고 생각하겠지만 기원전 그리스 시대에는 이를 당연하게 믿었답니다. 당시 그리스 사람들은 질병을 신이 내리는 벌로 여겼거든요. 그렇기 때문에 병이 낫기 위해서는 신에게 기도해서 잘못을 빌고, 용서를 구해야 한다고만 생각했지요.

 히포크라테스는 이 생각을 바꾼 의사입니다. 병은 신이 내리는 것이 아니라 특정한 원인 때문에 생겨난다고 바라보게 된 것이죠. 지금 우리가 '추운 날 옷을 얇게 입으면 감기에 잘 걸린다.' 라고 알고있는 것처럼 말이에요. 이는 당시 사람들에게 큰 충격을 안겨 주었답니다. 히포크라테스는 병의 원인을 알기 위해 엄청난 노력을 기울이기도 했는데요. 증상을 끈질기게 관찰할 뿐만 아니라 환자들의 대소변과 고름을 채집해서 분석할 정도였지요. 그리고 히포크라테스는 병을 치료하기 위해서 기도와 주문 대신 알맞은 약물과 음식을 처방했습니다. 덕분에 환자들은 질병에 영향을 주는 음식, 운동, 자연환경과 같은 다양한 요인을 알 수 있게 되었어요.

그리고 히포크라테스는 의사에게 의술뿐만 아니라 뛰어난 말솜씨도 필요하다고 주장했어요. 의사 선생님이 "많이 아팠지? 곧 나을 거야." 라고 위로해 주면 더 안심되고, 병이 빨리 낫기도 하는 것처럼요. 이처럼 히포크라테스는 지금의 의학이 있기까지 든든한 기둥의 역할을 했던 인물이랍니다. 뛰어난 기술과 장비도 없던 당시에 연구하고 남긴 의학 논문만 해도 60여 편이 넘지요. 히포크라테스가 보여준 의학과 환자에 대한 사랑이 얼마나 어마어마 했는지 짐작할 수 있겠죠?

히포크라테스 선서란 무엇일까?

의과 대학을 마치는 졸업생들은 훌륭한 의사가 되기 위한 다짐을 담은 선서를 한다. 이 선서는 고대 그리스 히포크라테스가 적은 선서의 내용을 담고 있어서 그의 이름을 따 '히포크라테스 선서' 라고 부른다. 선서에는 '환자에게 해를 끼치는 처방은 하지 않겠다.', '환자의 비밀을 절대 누설하지 않겠다.' 등의 내용을 포함하고 있다. 엄밀히 이야기하면 현재의 히포크라테스 선서는 오늘날의 상황에 맞게 수정된 제네바 선언문으로 바꿔 쓰고 있지만, 의학계의 아버지로서 오늘날까지 영향력을 미치는 히포크라테스의 위대함을 엿볼 수 있다.

의학과 과학의 위인 ②

모든 생명을 사랑한
ㅅ ㅂ ㅇ ㅊ

① 슈바이처　② 슈베으차　③ 시바우치

슈바이처의 명언

"성공의 커다란 비결은 결코 지치지 않는 인간으로 인생을 살아가는 것이다."

랑바레네의 마법사

　슈바이처는 아프리카에서 아픈 사람들을 치료하며 50여 년간 의료 봉사를 이어간 의사입니다. 그런 슈바이처가 30세가 되기 이전에는 그 누구도 그가 의사가 될 것이라고 생각하지 못했답니다. 왜냐하면 슈바이처는 목사인 아버지 밑에서 자라 종교와 신에 대한 학문인 신학 분야에 푹 빠져 있었거든요. 뿐만 아니라 그는 뛰어난 음악적 소질을 가진 덕에 연주자로서의 미래도 기대되었습니다. 그러던 중 슈바이처는 가난 때문에 헐벗고 굶주린 사람들의 불행한 모습을 보게 되었어요. 그리고 나 혼자 잘 살기보다는 모든 사람이 함께 행복할 수 있는 방법을 고민하기 시작했고, 끝내 큰 결심을 하게 되었지요. "30세 전까지는 나를 위해 공부하고, 그 이후에는 인류를 위해 봉사하는 삶을 살겠다." 고 말이에요. 그때부터 슈바이처는 의학 대학에 입학해서 7년 동안 의사가 되기 위한 공부를 했어요. 그리고 1913년, 그가 어린 시절부터 살았던 독일을 훌쩍 떠나 아프리카 가봉 지역인 '랑바레네'에서 의료 봉사를 시작했습니다.

　슈바이처가 먼 아프리카까지 갔던 이유는 당시 그곳엔 고치기

쉬운 기본적인 병조차 치료를 받지 못해 고통스럽게 죽어가는 사람들이 많았기 때문입니다.

　슈바이처는 열악한 환경 속에서도 임시 병원을 짓고, 사람들의 병을 치료해주었습니다. 처음에 사람들은 낯선 외국에서 온 슈바이처를 의심했지만, 시간이 흐르고 그의 실력을 알게되자 '오강가'라고 부르며 찾아왔답니다. 랑바레네의 말로 '마법사'라는 뜻인 이 단어처럼 슈바이처는 환자들의 아픈 몸을 감쪽같이 낫게해 줬으니까요. 또 슈바이처는 랑바레네에 제대로 된 병원을 짓고자 했어요. 병원 설립에 필요한 돈을 모으기 위해 연주회와 강연을 이어나가기도 했지요. 그는 그렇게 끈질긴 노력 끝에 '알베르트 슈바이처 병원'을 설립했고, 이후에도 병들고 가난한 사람들을 돌보다가 1952년 노벨 평화상을 수상했답니다.

✿ 슈바이처의 지극한 생명 사랑

슈바이처는 세상의 모든 생명을 소중히 여겨야 한다고 주장했다. 그는 혹시라도 날벌레가 불빛에 타 죽을까봐 늦은 밤에도 창문을 닫고 불을 켜지 않았다. 제2차 세계대전 당시에는 많은 사람이 목숨을 잃을 수도 있는 원자 폭탄 실험에 적극적으로 반대하였으며 노벨 평화상으로 받은 상금도 아프리카의 환자들을 돌보는 데 사용했다.

의학과 과학의 위인 ③

미생물을 파헤친 생물학자
파 ㅅ ㅌ ㄹ

① 파스투렐　② 파스퇴르　③ 평생토록

파스퇴르의 명언

"관찰하는 데 있어서는 준비된 자에게만 기회가 온다."

루이 파스퇴르

당신이 몰랐던 미생물, 전부 밝혀드립니다

　19세기 프랑스에서 술을 만들던 양조업자들은 자기들이 만든 포도주가 계속 상하는 이유를 도무지 알 수 없었어요. 그리고 원인을 찾기 위해 파스퇴르를 찾아갔죠. 파스퇴르는 연구 끝에 포도주 속에 들어있는 아주 작은 생물인 미생물이 술을 시큼하게 변하게 만든다는 사실을 알아냈습니다. 문제는 이 미생물을 제거하는 방법이었어요. 100℃가 넘는 고온으로 가열하면 모든 미생물을 없앨 수 있지만, 문제는 맛을 내는 유익한 성분들까지 모두 없어지거나 변해버리거든요. 그래서 파스퇴르는 많은 실험 끝에 약 60℃의 저온으로 여러 번 가열하여 미생물이 음식을 상하게 하는 것은 막고, 원래의 맛은 유지할 수 있는 저온 살균법을 개발해냈습니다. 이 방법 덕분에 우리는 우유, 주스, 버터 등의 많은 음식을 맛있고 건강하게 먹을 수 있게 되었어요.

　파스퇴르가 우리 생활에 미친 영향은 이뿐만이 아니에요. 나쁜 병을 예방하는 주사를 맞아본 적이 있지요? 예방 접종 주사 안에는 질병에 맞서는 힘을 키워주는 '백신'이 들어있어요. 이 백신을 발견한 사람도 파스퇴르입니다. 그는 실험을 위해 조수에게 닭에게 '콜레라'라는 병의 세균을 집어넣으라고 지시했어요. 그런데 파스퇴르의 지시를 깜빡 잊어버린 조수가 콜레라균을 실온에 한참이나 방치하여 세균은 힘을 잃고 말았지요. 뒤늦게 생각난 조수가 방치한 콜레라균을 주입했는데 닭들은 가볍게 병을 앓고 회복했을 뿐만 아니라 이후에 멀쩡한 콜레라균을 주입했을 때에도 더 이상 병에 걸리지 않았습니다. 이를 본 파스퇴르는 힘이 약한 균을 주사하여 약하게 병을 앓고나면 그 병을 이겨내는 힘인 면역력이 생긴다는 사실을 깨닫게 되었습니다.

저절로 태어나는 생명이 있다고요?

2000년 전 아리스토텔레스라는 학자는 생명체가 부모 없이 스스로 태어날 수 있다는 '자연발생설'을 주장했다. 그래서 흙탕물이나 썩은 쓰레기 등에서 나오는 곤충이나 진드기가 저절로 태어난 것이라고 생각하는 사람들도 있었다. 그러나 파스퇴르는 이런 생각이 틀렸음을 밝혀냈다. 그는 입구가 S자 모양으로 구부러진 플라스크에 고깃국물을 넣고 열을 가한 다음 오랜 시간 방치했는데 원래대로라면 상해야 할 고깃국물은 상하지 않았다. 그 이유는 음식을 상하게 만드는 미생물이 S자로 구부러진 입구에 걸려서 고깃국물 속으로 들어오지 못했기 때문이다. 즉, 생명체가 자연 발생하는 것이 아닌 외부와의 어떤 접촉으로 인해 생겨남을 밝힌 것이다.

의학과 과학의 위인 ④
등불을 든 여인
ㄴㅇㅌㄱㅇ

① 나이트게임　② 나이트가운　③ 나이팅게일

나이팅게일의 명언

"자연이 사람들을 치료해 준다. 그렇기에 간호사가 할 역할은 자연이 환자들을 치료해 줄 수 있도록 환자의 컨디션을 최선으로 유지시켜 주는 것이다."

위생 관리로 질병을 물리친 간호사

　독감이나 코로나-19와 같은 감염병을 예방하기 위해서는 손을 잘 씻고, 창문을 열어 자주 환기를 시켜야 한다는 것 알고있죠? 건강한 생활을 위해서는 깨끗한 위생 관리가 필요하다는 사실이 우리에겐 익숙하지만 1800년대의 병원은 그렇지 않았답니다.

　나이팅게일은 러시아와 유럽 연합군과의 전쟁인 크림 전쟁에서 다친 병사들의 간호를 맡게 되었어요. 그녀는 늦은 밤에도 등불을 들고, 환자들의 상태를 살피기 위해 이리저리 바쁘게 돌아다니는 열정적인 간호사였어요. 그런데 문제는 부상을 입은 병사들이 치료받아야 할 병원 위생 상태가 너무나도 심각했다는 것입니다. 환자들이 눕는 매트에는 피와 오물이 가득해 악취가 진동했고, 병원 여기저기에는 쥐들이 들끓었어요.

　이렇게 심각한 위생 상태 탓에 전투에서 사망하는 병사보다 전염병과 상처의 감염으로 죽는 병사가 더 많을 지경이었지요. 나이팅게일은 이러한 문제점을 깨닫고, 영국 정부에 끈질기게 지원을 요청했어요. 병원의 위생 상태를 개선하고 필요한 물품들을 보내달라고 말이죠. 이러한 나이팅게일의 노력 덕분에 병원의 침대와 매트리스가 바뀌었고, 갈아입을 수 있는 환자복도 생겼습니다. 그리고 이런 작은 차이는 부상자들의 사망률을 40%에서 2%까지 끌어내렸지요.

전쟁이 끝난 후에도 나이팅게일은 위생의 중요성을 어떻게 알릴 수 있을까 고민했어요. 그리고 병사들의 사망 원인을 한눈에 보여주는 그래프를 만들었습니다. 이를 본 사람들은 깜짝 놀랐어요. 질병 때문에 죽는 병사들이 이렇게 많은 줄 몰랐었거든요. 이를 계기로 병원의 좁고 빽빽한 병실들은 환기 시설을 갖추고, 간호사들은 수시로 손을 씻었어요. 뿐만 아니라 병이 옮지 않도록 환자들 간의 거리도 유지하게 되었답니다.

나이팅게일은 어쩌다 간호사가 되었을까?

나이팅게일은 매우 부유한 영국 상류층 집안의 딸이었다. 여행이 쉽지 않던 1800년대에도 2~3년 동안 유럽 곳곳을 누비며 여행을 다녔다. 나이팅게일은 여행을 다니면서 이제껏 전혀 모르고 살았던 가난한 사람들의 일상을 보고 충격에 빠져 간호사가 되기로 결심했다. 하지만 그 당시 사회에서는 간호사를 인정받을 만한 직업으로 여기지 않았기 때문에 그녀의 집안에서는 나이팅게일이 간호사가 되는 것을 반대했다. 그러나 그녀의 강인한 성격과 굳센 의지를 꺾을 수는 없었다.

의학과 과학의 위인 5

포기를 모르는 발명가
ㅇㄷㅅ

① 에덤스   ② 이도스   ③ 에디슨

에디슨의 명언

"인생에서 실패한 사람 중 다수는 성공을 목전에 두고도 모른 채 포기한 이들이다."

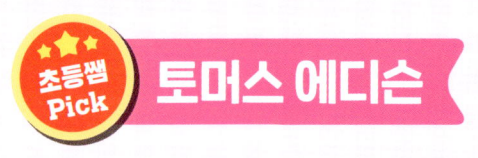

끈질긴 노력으로 세상을 밝게 비추다

　전구를 처음 발명한 사람은 누구일까요? 이 질문의 답을 에디슨이라고 알고있는 경우가 많은데요. 토머스 에디슨은 처음으로 전구를 발명한 사람이 아니라, 일상에서 전구를 보다 편리하게 쓸 수 있도록 발전시킨 사람이에요. 처음 전구를 만든 사람은 스코틀랜드의 발명가인 제임스 보우먼 린지였고, 그 이후에는 영국의 조지프 스완이 백열등으로 특허권을 등록했어요. 하지만 이 전구들은 모두 수명이 짧아 오랜 기간 빛을 내지 못하고 금방 꺼졌어요. 또 만드는 데에 돈도 많이 들었을 뿐더러 발열이 매우 심해서 일상생활에서 사용하기 힘들었답니다.

　에디슨은 조지프 스완의 전구를 가지고 많은 실험을 하며 어떻게 해야 오래갈 수 있는 전구를 만들 수 있을지 수년간 고민했어요. 그렇게 실험을 거듭하던 중 그전까지 10분도 못 가서 꺼지던 전구가 한 시간을 넘겼어요. 그리고 전구가 두 시간, 세 시간을 지나 열세 시간까지 빛을 내자 에디슨은 이 발견이 세상에 엄청난 변화를 가져올 것이라 확신했어요. 그래서 도시 곳곳에서 전구를 쓸 수 있도록 전기를 만드는 발전소를 세우고, 먼 곳으로 전기를 보내는 시스템도 설계했답니다. 그리고 마침내 1882년 뉴욕의 한 거리에서 수백 개의 전등을 밝히는 날, 토머스 에디슨이 스위치를 올리고 모든 불빛이 일제히 켜지자 그곳에 모인 사람들은 과학의 신비에 놀라움을 감출 수 없었어요.

이 밖에도 에디슨은 세계 최초로 소리를 녹음하고 재생할 수 있는 축음기, 더 명확히 소리를 들을 수 있는 전화기, 필름에 빛을 비춰 멈춰 있는 이미지들을 움직이는 영상처럼 보이게 하는 키네토스코프라는 발명품을 만들기도 했습니다. 기존에 있는 물건들을 어떻게 하면 더 편리하게 만들 수 있을까 끊임없이 고민하며 실패를 두려워하지 않았던 에디슨이 발명한 제품들은 시대에 큰 변화를 가지고 왔습니다.

치열한 승부욕의 소유자, 에디슨

에디슨은 1,000개 이상의 제품에 특허를 낼 정도로 발명에 소질이 있었다. 또 사람들이 무엇을 필요로 하는지를 알아내고, 발명품이 더욱 널리 팔릴 수 있게 홍보하는 데에도 노력을 아끼지 않았다. 이 과정에서 다른 발명가 또는 회사들과 치열한 경쟁이 붙는 경우가 많았다. 에디슨은 이들과의 승부에서 이기고 영광을 독차지하기 위해 경쟁자를 모함하는 편지를 보내거나 신문에 거짓 기사를 내는 등 치사한 방법을 쓰기도 했다.

의학과 과학의 위인 6

질문으로 세상을 바꾼 ㄴ ㅌ

① 나토   ② 뉴턴   ③ 니트

뉴턴의 명언

"우리가 아는 것은 물방울 하나에 지나지 않는다. 우리가 모르는 것은 큰 바다와도 같다."

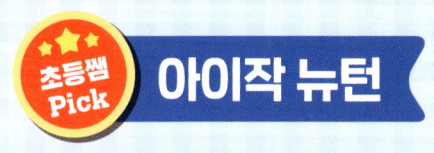

우리 모두는 서로를 끌어당겨, 만유인력의 법칙

 폭포가 아래로 세차게 떨어지고, 힘차게 던진 피구공은 운동장을 날아가다가 결국 바닥에 떨어져요. 식탁 위의 숟가락조차 잘못 건드리면 요란한 소리를 내며 식탁 아래로 떨어지죠. 왜 모든 것들은 아래로 떨어질까요?

 뉴턴은 너무나도 당연해 보이는 이 현상들이 일어나는 이유가 궁금했어요. 그리고 끊임없이 연구한 결과 우주를 설명하는 아주 중대한 법칙인 '만유인력의 법칙'을 알아냈지요. 만유인력의 법칙은 '질량을 가진 모든 물체는 서로 끌어당기는 힘이 있다.'는 원리를 말해요. 쉽게 말해서 지구와 지구 위에 있는 모든 물체가 서로 끌어당기고 있다는 것이죠. 그런데 지구의 힘이 물체가 끌어당기는 힘에 비해 훨씬 크기 때문에 물체는 지구를 향해 떨어지는 것입니다. 이런 지구의 어마어마한 힘이 바로 중력이지요.

 그런데 뉴턴에게는 또 다른 의문이 생겼어요. 사과 나무에 걸린 사과는 바닥으로 떨어지는데 왜 달은 지구를 향해 떨어지지 않는지 말이에요. 뉴턴은 이것도 만유인력의 법칙으로 설명할 수 있다는 것을 알게 되었습니다. 달은 빠르게 지구 주위를 돌며 움직이고 있어요. 하지만 만유인력의 법칙으로 인해 지구는 달을 잡아당기지요. 따라서 달은 움직이는 동시에 잡아당기는 힘을 받게 되기 때문에 일정 간격을 유지한 채 지구의 둥근 모양을 따라 운동하게 되는 것이지요. 즉, 달은 지구 중력에 의해 끌어당겨지면서도 빠른 속도로 움직이고 있기 때문에 궤도를 그리며 돌 수 있다는 말이랍니다.

뉴턴에게 우주와 자연은 그저 신비롭고 알 수 없는 영역이 아니었어요. '왜?'라는 질문에서 시작해 결국 이유를 찾아내고, 그 원리를 수학적으로 설명해냈거든요. 이처럼 무엇이든 당연하게 생각하지 않는 태도는 과학자가 되기 위한 첫걸음이랍니다.

뉴턴이 밝혀낸 또 다른 법칙들

① **관성의 법칙**
차를 타고 가다가 차가 갑자기 멈추면 몸이 앞으로 쏠리고, 다시 출발하면 몸이 뒤로 눕혀진다.

② **가속도의 법칙**
축구공을 찰 때 발에 힘을 줘서 강하게 차면 축구공은 더 빠르게 날아간다.

③ **작용 반작용의 법칙**
로켓을 발사할 때 아래로 향하는 강한 엔진 가스의 힘은 로켓이 위로 올라갈 수 있는 힘을 준다.

의학과 과학의 위인 ⑦

방사능과 일생을 함께한
ㅋ ㄹ

① 카레　② 클론　③ 퀴리

퀴리의 명언

"나는 과학에 위대한 아름다움이 있다고 생각한다. 연구실 과학자는 단순한 기술자가 아니라 마치 동화처럼 자신에게 감명을 주는 자연 현상 앞에 선 어린 아이이기도 하다."

0.1g에 담긴 수십 년의 노력

　노벨상은 세계에 훌륭한 업적을 남긴 사람에게만 주어지는 명예로운 상이에요. 마리 퀴리는 노벨상 최초의 여성 수상자이자 최초로 노벨상을 두 번 수상한 인물입니다.

　1800년대 말 유럽은 여성에 대한 차별이 심했어요. 똑똑했던 마리 퀴리가 우수한 성적으로 세계 최고의 명문 대학인 프랑스의 소르본 대학교에 들어갔음에도 주변 동료들은 여자라는 이유로 그녀를 자주 무시하곤 했지요. 하지만 마리 퀴리는 불평등한 환경 속에서도 포기하지 않고 연구 활동에 몰두하였고, 그러던 중 엄청난 위력을 가진 에너지, '방사선'을 인류 최초로 발견하게 됩니다. 오늘날에는 핵폭탄이 터질 때 방출되는 어마어마한 에너지로도 잘 알려져있죠.

　이때부터 마리 퀴리는 남편 피에르 퀴리와 함께 이 방사선이 어떤 물질에서 나오는지를 찾기 시작했어요. 그리고 마침내 퀴리 부부는 방사선을 내뿜는 물질의 정체를 알아내게 됩니다. 그리고 그 물질의 이름을 '폴로늄'과 '라듐'이라고 이름 붙였지요.

　세상에 없던 물질을 최초로 발견한 마리 퀴리는 전 세계의 주목을 받게 되고, 남편과 함께 노벨상을 수상했습니다.

　그 이후에도 마리 퀴리는 연구를 멈추지 않았어요. 다음 연구의 목표는 다른 물질이 하나도 섞이지 않은 순수한 라듐만을 추출해 내는 것이었지요. 이게 얼마나 어려운 일이냐면 10년을 연구한 끝에 얻은 순수한 라듐의 양이 단 0.1g 정도예요. 이 놀라운 업적으로 마리 퀴리는 두 번째 노벨상을 수상하게 되었답니다.

　그들의 연구는 오늘날까지 원자력 발전소에서 에너지를 만들거나 암 환자들을 치료하는 데 활용하고 있습니다.

퀴리 가문에는 노벨상이 여섯 개?

마리 퀴리의 가문에는 세계적인 노벨상을 수상한 사람이 다섯 명이나 있고, 모두 합친 노벨상의 개수는 무려 여섯 개에 달한다. 먼저 마리 퀴리가 받았던 노벨 물리학상과 화학상, 마리 퀴리와 공동 연구를 진행한 남편 피에르 퀴리가 받았던 노벨 물리학상이 있다. 거기에 부부의 첫째 딸인 이렌 퀴리는 부모님의 연구를 이어받아 인공적인 방사성 물질을 만들어낸 업적으로 남편과 함께 노벨 화학상을 공동 수상하게 된다. 뿐만 아니라 둘째 딸인 이브 퀴리의 남편이었던 미국의 외교관 헨리 라부이스까지 노벨 평화상을 수상하게 되며 퀴리 가문은 노벨상 명문가가 된다.

의학과 과학의 위인 8

시공간을 새롭게 정의한
ㅇㅇㅅㅌㅇ

① 아인슈타인　② 아인숏타임　③ 오이수타인

아인슈타인의 명언

"A가 인생의 성공이라면 A=x+y+z다. x는 일, y는 놀이, z는 입을 다물고 있는 것이다."

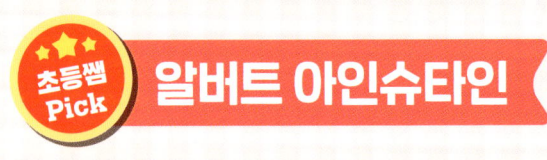

놀랍고 신비한 우주의 비밀, 상대성 이론

　아인슈타인은 학교 생활을 힘들어했던 학생이었습니다. 자유롭게 상상하고 무언가를 깊이 생각하는 아인슈타인과 달리 당시 학교는 모든 지식을 정확하게 외워야하고, 군대 같은 엄격한 규칙을 가지고 있었거든요. 암기력보다 상상력이 풍부했던 아인슈타인은 학교에서 성적이 낮을 수밖에 없었지요.

　대신 아인슈타인은 사고실험의 능력자였어요. 사고실험이란 실제로 실험을 하는 대신 머릿속으로 어떤 상황을 상상하고 질문의 답을 찾아보는 것을 뜻합니다. 예를 들어, '만약 우리가 산 꼭대기에서 공과 종이컵을 동시에 떨어트리면 무엇이 더 먼저 떨어질까?' 라는 질문에 대해서 실제로 산을 가지 않고도 머릿속으로 답을 생각해보는 것이죠. 그러려면 산의 높이, 공과 종이컵의 무게, 주변 공기의 저항 등 다양한 과학적 지식들을 활용해야 해요. 이처럼 아인슈타인은 '만약'으로 시작하는 끈질긴 사고실험 끝에 머릿속으로 그리던 우주의 원리를 세상 바깥에 과학 이론으로 내놓았어요.

　그의 가장 대표적인 이론은 상대성 이론이에요. 거대한 우주의 세계를 다룬 상대성 이론은 시간과 공간에 대한 놀라운 사실을 밝혀냈지요. 그것은 바로 시공간이 변할 수 있다는 것이었어요. 지금까지 시간은 어떤 곳에 있든 변하지 않는다고 생각했어요. 우리가 지구 어떤 곳에 있든 한 시간은 똑같이 흐르는 것처럼 말이지요. 그런데 아인슈타인은 지구에서 엄청나게 멀리 떨어진 우주에서 보내는 한 시간은 지구에서의 몇 년과 같을 수도 있다는 사실을 밝혀냈어요. 이는 중력으로 인해 시공간이 휘어지기 때문에 일어나는 일이지요. 우주와 시공간의 신비한 관계를 밝혀낸 상대성 이론은 20세기 과학 이론 중 가장 중요한 이론으로 손꼽히고 있습니다.

폭탄을 만드는 데 사용된 이론

아인슈타인의 이론을 활용하면 엄청난 폭발력을 지닌 원자폭탄을 만들 수 있었다. 그래서 제2차 세계대전 당시 독일은 원자폭탄 개발에 힘을 쏟았다. 아인슈타인은 전쟁을 끝내려면 미국이 원자폭탄을 먼저 만들어 독일을 항복하게 만들어야 한다고 생각했고 루스벨트 미국 대통령에게 편지를 보냈다. 이후 미국은 원자폭탄 개발에 성공했고, 1945년 독일이 항복했는데도 일본이 항복하지 않자 결국 원자폭탄을 떨어트렸다. 이로써 20만 명이 넘는 사상자가 발생하였고, 그 충격적인 위험성에 죄책감을 느낀 아인슈타인은 원자폭탄 사용을 반대하는 평화주의자로 활동하게 되었다.

2장 문화와 예술의 위인

문화와 예술의 위인 ①
언어로 부리는 마술
ㅅㅇㅅㅍㅇ

① 셰익스피어 ② 산업스파이 ③ 스위스파이

셰익스피어의 명언
"엉터리 싸움에 진짜 용기는 필요치 않다."

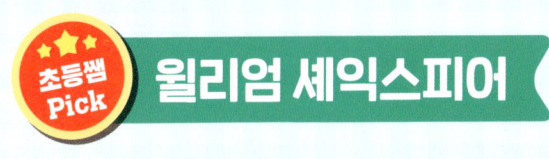
윌리엄 셰익스피어

시대를 초월한 명작을 탄생시킨 극작가

'사느냐, 죽느냐. 그것이 문제로다!' 라는 말을 들어본 적이 있나요? <햄릿>의 명대사인 이 말은 결정하기 어렵거나 중요한 문제에 대해 고민할 때 쓰는 표현이에요. 예를 들어 휴대폰 게임의 레벨 업을 코앞에 두고 부모님과 약속한 휴대폰 시간이 다 되었을 때처럼요. 여러분의 심정과 딱 맞아떨어지는 이 문장은 역사상 가장 위대한 극작가로 평가받는 셰익스피어가 만든 말입니다.

작가가 책이 아니라 말을 만들었다니 어딘가 이상하죠. 셰익스피어는 연극의 대본인 희곡을 38편이나 써냈을 뿐만 아니라 2천 개가 넘는 단어를 새롭게 만들었거든요. 우리가 흔히 쓰는 '힌트(hint)'나 스포츠에서 반칙, 부정행위를 뜻하는 '파울 플레이(foul play)'도 셰익스피어가 만든 표현이랍니다.

이처럼 셰익스피어는 이해하기 쉽고 재미있는 표현들을 만들어 연극 속에 녹여냈고, 그가 만든 단어들은 여전히 일상에서 편리하게 쓰이고 있습니다. 이 표현들이 널리 퍼질 수 있었던 것은 셰익스피어의 작품이 엄청난 인기를 끌었기 때문이기도 해요. 고전 사랑 이야기라면 빠질 수 없는 명작 <로미오와 줄리엣>부터 슬픈 결말을 담고 있는 4대 비극 <햄릿>, <오셀로>, <리어왕>, <맥베스> 등은 셰익스피어가 사망한 지 400년이 지난 지금까지도 전 세계에서 수많은 연극으로 새롭게 탄생되고 있답니다.

그렇다면 셰익스피어의 작품들은 어떤 점이 특별했을까요? 이전까지의 연극들은 신과 교회 같은 종교적인 이야기를 다루었다면, 셰익스피어는 이루어질 수 없는 두 남녀의 사랑, 가족의 원수를 갚기 위한 왕자의 복수처럼 사람들 간에 일어나는 이야기를 쓴 것이지요. 이는 당연히 많은 사람의 공감과 흥미를 끌 수밖에 없었답니다. 이처럼 셰익스피어가 시대를 초월해 오랜 시간 사랑받을 수 있었던 데에는 그가 남긴 훌륭한 명작들이 있었습니다.

셰익스피어가 사망한 날을 기념한다고?

천재 작가 셰익스피어는 1616년 4월 23일, 50대 초반의 이른 나이로 세상을 떠났다. 우연찮게도 이 날은 소설 <돈키호테>를 쓴 스페인의 작가 세르반테스가 사망한 날과도 같다. 그래서 1995년 유네스코 총회에서는 위대한 두 작가의 기일을 기념하며 매년 4월 23일을 '세계 책과 저작권의 날'로 정했다. 이 날은 독서, 출판, 저작권 보호의 중요성을 알리기 위해 만들어졌으며 4월 23일이 되면 전 세계에서 책과 관련된 다양한 행사나 축제가 열리고 있다.

문화와 예술의 위인 ②
꿈과 상상의 동화 속 세계로
ㅇ ㄷ ㄹ ㅅ

① 안데르손   ② 안데르센   ③ 온두라스

안데르센의 명언

"인생 그 자체가 가장 훌륭한 동화다."

마음을 담은 동화로 세상을 울리다

 다음 제목 중에 아는 이야기가 몇 개나 있는지 세어보세요! <미운 오리 새끼>, <벌거벗은 임금님>, <엄지공주>, <인어공주>, <성냥팔이 소녀>, <빨간 구두>……. 이름만 들어도 친숙한 이 작품들은 모두 덴마크 출신의 세계적인 동화 작가, 안데르센이 쓴 동화입니다.

 안데르센의 어릴 적 꿈은 연극 배우가 되는 것이었어요. 하지만 집이 가난해 제대로 된 교육을 받지 못한 탓에 발음이 어눌하고, 언어 능력도 부족했습니다. 많은 연극 극단에 지원했지만 아무도 그를 받아주지 않았어요. 결국 안데르센은 연기 대신 문학 공부를 하며 연극의 대본과 소설 같은 글을 쓰기로 했습니다. 그러던 중 안데르센은 아이들을 위한 상상력이 가득 담긴 동화를 쓰게 되고, 이후 약 40년 동안 무려 150편 이상의 동화를 발표했습니다.

 여기서 한가지 재밌는 사실은 바로 안데르센의 동화가 실제 자신의 이야기라는 것이에요. 많은 친구들이 좋아하는 <인어공주> 이야기는 좋아하는 사람과 사랑을 끝내 이루지 못한 안데르센의 인생을 담고 있고요. 남들과 다른 외모로 놀림과 미움을 받는 오리 이야기인 <미운 오리 새끼>는 극단에서 쫓겨나고 인정받지 못한 채 떠돌던 그의 경험에서 탄생했어요. 또 가난한 환경 탓에 길거리에서 돈과 물건 등을 구걸해야했던 어머니의 이야기를 <성냥팔이 소녀>에 담기도 했지요.

안데르센의 불행했던 경험과 환경은 오히려 그가 이처럼 멋진 작품을 쓸 수 있는 힘이 되어주었어요. 덕분에 우리는 더욱 생생하게 몰입할 수 있는 동화 작품들을 만나게 되었죠. 많은 어린이와 어른들에게 꿈과 상상의 세계를 선물한 안데르센처럼 모든 일엔 나쁜 점뿐만 아니라 좋은 점도 있다는 것을 잊지 마세요!

고백만 하면 차이던 안데르센

안데르센은 어린 시절부터 외모 때문에 놀림을 많이 받아 자신감이 부족했다. 또 안타깝게도 사랑에 여러 번 실패했는데, 젊은 시절 짝사랑하던 여인에게 고백 편지를 보냈지만 단칼에 거절을 당했고, 또 자신을 도와주던 후원자, 요나스 콜린의 자녀들에게도 사랑을 고백했으나 이들은 다른 사람과 결혼했다. 이후에도 안데르센은 멈추지 않고, 새로운 사랑을 찾아 그들의 마음을 얻기 위해 노력했지만 번번이 거절당해 짝사랑으로 끝날 뿐이었다. 결국 안데르센은 끝까지 혼인을 하지 못했고, 이는 그의 많은 작품들이 슬픈 결말로 끝나는 이유로 짐작할 수 있다.

문화와 예술의 위인 ③

자유분방한 축구의 황제
프 ㄹ

① 페루　② 펠레　③ 파래

펠레의 명언

"이기는 데 어려움이 따를수록 이겼을 때의 기쁨도 큰 법이다."

에드송 아란치스 두나시멘투(펠레)

축구 역사상 나를 따라올 자는 없다!

　축구를 좋아하는 친구라면 호날두, 메시, 음바페 같은 세계적인 선수들의 이름을 많이 들어보았죠? 그런데 이 선수들 훨씬 이전에 축구의 황제로 불렸던 브라질의 축구 선수가 있습니다. 바로 펠레예요.

　펠레는 어린 시절 가정 형편이 넉넉하지 않아 제대로 된 축구공을 살 수 없었어요. 그래서 동네 친구들과 함께 양말이나 빨랫감으로 뭉친 공을 가지고 놀곤 했지요. 그러던 1950년, 펠레가 열 살이 되던 해에 월드컵의 유력한 우승 후보였던 브라질이 충격적으로 탈락하는 사건이 일어났어요. 이에 크게 실망한 펠레는 브라질의 국가 대표 축구 선수가 되어 월드컵 우승을 해내고 말겠다는 다짐을 했습니다.

　이후 펠레는 산투스 FC라는 정식 축구 팀에 들어가게 되었어요. 그러나 이곳에서 배운 축구는 펠레가 평소 동네 친구들과 하던 축구와는 완전히 달랐습니다. 자유분방하고 화려한 플레이 대신 체계적인 플레이가 요구되는 팀에서 위축되기도 했어요. 하지만 끝까지 축구를 포기하지 않았던 펠레는 결국 브라질의 국가 대표로 선발되어 1958년, 대표팀 내 가장 어린 선수로 월드컵에 출전하게 됩니다.

그리고 펠레는 대회 16강에서 첫골을, 4강에서는 무려 세 골을 넣은 해트트릭을 선보이다가 끝내 마지막 결승 경기에서 두 골을 넣고 월드컵 우승을 가져오게 됩니다. 첫 월드컵 출전에 여섯 골과 우승컵을 모두 거머쥔 축구 스타가 된 것이죠. 이후의 월드컵에서도 펠레가 있는 브라질 팀은 총 세 번의 우승을 했어요. 60년이 지난 지금까지도 월드컵 역사상 세 번 우승한 선수는 펠레가 유일하답니다. 당당하게 자기 개성을 잃지 않고 자유로운 축구를 사랑한 펠레는 선수 활동 기간 통산 1,238골을 기록했습니다.

옐로, 레드 카드가 펠레와 관련있다?

독보적인 축구 실력을 가지고 있던 펠레는 매 경기에서 상대팀의 경계 1순위였다. 그래서 상대팀 선수들은 과격한 태클을 자주 걸었다. 실제로 1966년 잉글랜드 월드컵에서도 포르투갈 선수의 위험한 태클 때문에 큰 부상을 입었고, 이후 경기에도 출전하지 못했다. 이 일을 계기로 1970년 월드컵부터는 선수의 보호를 위한 옐로·레드 카드 제도가 도입되었다. 심판은 선수들이 경기 규칙을 위반했을 때나 심한 반칙 플레이를 했을 때 경고의 의미인 옐로 카드와 퇴장을 뜻하는 레드 카드를 줄 수 있다.

문화와 예술의 위인 ④

시골 마을의 천재 작곡가
ㅁ ㅊ ㄹ ㅌ

① 무차르트   ② 모치라토   ③ 모차르트

모차르트의 명언

"음악은 음표에 있지 않고, 그 사이에 있는 침묵에 있다."

볼프강 아마데우스 모차르트

진짜 내가 원하는 음악을 만들겠어!

세 살짜리 아이가 배우지도 않은 피아노 연주를 옆에서 보자마자 바로 똑같이 연주했다면 믿을 수 있겠나요? 뿐만 아니라 다섯 살에 직접 작곡까지 했다면요! 이건 모두 오스트리아의 천재 음악가인 모차르트의 이야기입니다.

모차르트는 어린 시절부터 뛰어난 음악성을 가지고 태어나 음악 신동으로 불렸어요. 한번도 배운 적 없는 악기들을 연주하는 것뿐만 아니라 10분이 넘는 노래를 단 한번 듣고 바로 외워 악보로 옮기기도 했지요. 무엇보다 머릿속 생각들을 악보 위에 꺼내 아름다운 음악으로 작곡하는 능력은 따라올 사람이 없었습니다.

그런데 모차르트가 살던 오스트리아의 잘츠부르크라는 작은 도시는 그가 음악적 재능을 모두 발휘하기엔 충분한 환경이 되지 못했어요. 그래서 궁정의 음악가였던 아버지는 어린 모차르트를 데리고 프랑스와 독일, 영국 등 유럽 전역을 돌아다니며 연주 여행을 했습니다. 이 시기에 모차르트는 전 세계를 대표하는 수많은 음악가와 교류하며 크게 성장했고, 여러 나라에서 천재적인 연주 실력을 선보여 유럽 전역의 인기 스타가 되었습니다.

하지만 이런 유명세와 천부적인 실력에도 불구하고, 그는 안정적인 직장을 얻는 데 어려움을 겪었어요. 왕실에서 일하는 궁정 음악가가 되면서 모차르트가 원하는 음악이 아닌 왕족과 귀족들이 요구하는 음악을 만들고 연주해야 했거든요. 자유분방한 성격이었던 모차르트는 결국 일을 포기하고, 자기가 원하는 음악을 만드는 작곡에 몰두하기로 했어요. 덕분에 우리는 그가 남긴 교향곡과 오페라 등 600여 곡의 작품을 만날 수 있게 되었지요. 특히 모차르트가 생에 마지막으로 남긴 오페라인 <마술피리>는 엄청난 고음과 웅장한 선율로 최고의 걸작으로 손꼽히는 작품이니 꼭 한 번 들어보세요!

✿ 자신의 죽음을 추모하는 음악을 만든 모차르트

모차르트는 그의 음악적 재능을 모두 펼치기도 전인 1931년 겨울, 35세라는 젊은 나이로 사망했다. 그 해 여름, 모차르트는 낯선 사람에게 죽은 자의 영혼을 위로하기 위한 '진혼곡'을 만들어 달라는 의뢰를 받았는데, 이 곡을 만들던 중 병이 깊어진 탓에 결국 곡을 완성하지 못하고 세상을 떠나고 말았다. 우연치 않게 그 곡은 자신의 죽음을 위로하는 곡이 되어버린 셈이다. 미완성이었던 이 곡은 모차르트가 죽기 직전까지 함께 있었던 그의 제자인 프란츠 쥐스마이어가 완성하였다.

문화와 예술의 위인 ⑤
전 세계가 열광한 록밴드 그룹
ㅂ ㅌ ㅈ

① 배틀즈　② 보틀즈　③ 비틀즈

비틀즈의 명언

"혼자 꾸는 꿈은 단지 꿈에 지나지 않는다. 여러 사람이 함께 꾸는 꿈이 현실이다."

 비틀즈

전 세계에서 가장 많은 음반을 판매한 아티스트

　세계 대중 음악 역사상 가장 영향력 있는 아티스트로 손꼽히는 그룹이 있습니다. 바로 1960년 영국에서 결성된 4인조 록밴드 그룹 비틀즈예요. 비틀즈라는 이름을 처음 들어본 친구들도 그들의 앨범 사진을 보거나 노래를 들으면 어딘가 익숙한 느낌이 들지도 몰라요.

　비틀즈의 시작은 리더인 존 레논이 고등학교에서 친구들과 처음 밴드를 만들고부터였어요. 이후 몇 번의 멤버가 교체되고 최종적으로는 존 레논, 폴 매카트니, 조지 해리슨, 링고 스타 네 명의 멤버로 구성되어 '비틀즈'라는 이름을 갖게 되었죠. 각각의 멤버들은 모두 뛰어난 보컬과 피아노, 기타, 드럼 실력 등을 가지고 있었을 뿐만 아니라 직접 쓴 가사와 멜로디를 덧붙여 모든 곡을 작곡했습니다. 그렇게 비틀즈가 선보인 음악을 들으며 사람들은 깜짝 놀랐어요. 왜냐하면 원래 음악에는 다양한 장르가 있어요. 여러분이 좋아하는 아이돌 가수의 케이팝과 클래식 음악의 느낌이 완전히 다른 것처럼요. 그런데 비틀즈는 서로 다른 장르를 완전히 새로운 방식으로 섞기 시작했어요. 예를 들어 익숙한 서양 음악에

신비스러운 인도 음악을 가져와서 새로운 음악을 만드는 방식으로요. 그런데 놀랍게도 이 낯선 음악들은 매우 조화롭게 어우러져 아름다운 멜로디를 만들어냈답니다.

영국에서 엄청난 인기를 누리던 비틀즈는 미국까지 진출하게 됩니다. 미국인들 역시 비틀즈에게 열광했어요. 그 인기가 얼마나 대단했냐면 비틀즈가 등장할 때마다 수천 명의 팬이 몰려들어서 근처가 항상 아수라장이 될 정도였지요. 이렇게 전 세계 팬을 사로잡은 비틀즈는 약 2억 7천만 장의 앨범을 판매하며 역사상 가장 많은 음반을 판매한 아티스트로 기네스북에 올라있습니다. 또 전 세계에서 가장 인기있는 팝 음악을 보여주는 빌보드 차트에서도 1위를 가장 많이 한 그룹으로 남아있답니다.

✿ 원수 지간이 된 비틀즈의 멤버들

비틀즈의 멤버 존 레논과 폴 매카트니는 서로의 음악을 사랑하고 존중했다. 또 각자 만든 노래의 작곡가를 표기할 때도 두 사람의 이름을 모두 써서 '레논-매카트니'로 표기했을 정도로 절친한 친구였다. 그러나 비틀즈 활동을 이어가면서 이들이 원하는 음악 스타일과 그룹을 운영하는 방식도 달라지기 시작했다. 둘의 갈등은 점점 깊어졌고 결국 1970년 폴 매카트니가 그룹 탈퇴를 선언하며 비틀즈는 공식적으로 해체했다.

문화와 예술의 위인 ⑥
15세기의 만능 재주꾼
ㄷ ㅂ ㅊ

① 다빈치 ② 돌부처 ③ 다비치

다빈치의 명언

"옷을 입으면 추위를 막듯이 인내가 불의를 막아줄 것이다. 추울수록 옷을 껴입으면 추위는 당신을 해칠 힘을 잃는다. 마찬가지로 큰 불의를 만날수록 인내심을 길러야 하며, 그럴 때 어떤 불의도 그대의 마음을 괴롭힐 수 없다."

레오나르도 다빈치

하고 싶은 게 너무 많아

검은 드레스를 입은 채 두 손을 공손하게 모으고, 입가엔 신비로운 미소를 띤 여인의 그림을 본 적이 있나요? 결정적인 힌트로는 '넓은 이마에 눈썹이 없는 여인'이라고 말 할 수 있겠네요. 이 그림은 바로 전 세계에서 가장 유명한 미술 작품인 <모나리자>입니다. 이를 그린 사람이 바로 레오나르도 다빈치예요. 그는 이런 대표작들 덕분에 화가로 알려져있지만 사실 해부학자, 발명가, 건축가, 수학자, 철학자 등 수많은 직업으로 나타낼 수 있을 정도로 모든 방면에서 못하는 게 없었습니다. 먼저 화가로서 그는 15세기 르네상스 시대 미술의 큰 획을 그었습니다. 이전까지의 미술 회화 작품들은 뚜렷하고, 선명한 선을 사용했어요. 그래서 뒷배경과 인물이 확실히 구분되어 보였지요. 그런데 다빈치는 이러한 스타일을 깨고, 처음으로 배경과 인물의 경계선을 안개가 낀 듯 흐릿하게 표현한 작품들을 선보였어요. 수십 번의 덧칠을 거쳐 부드러워진 선은 <모나리자> 같은 작품을 더욱 현실감 있게 만들었답니다. 또 다른 그의 대표작 <최후의 만찬> 역시 빛을 표현하는 명암과 거리감을 나타내는 원근법이 훌륭하게 나타나고 있지요.

레오나르도 다빈치는 사람의 몸에도 관심이 많아 해부학도 공부했어요. 수십 개의 죽은 시체를 세밀하게 관찰한 다음 뼈와 근육의 모습을 모두 세세히 그렸어요. 엑스레이와 같은 촬영 장비도 없던 시대에 직접 관찰만으로 머리뼈인 두개골과 치아의 뿌리까지 정확하게 그려냈다니 정말 대단하지요?

뿐만 아니라 발명가로서의 재능도 뛰어났던 레오나르도 다빈치는 아이디어 노트에 수많은 발명품의 설계도를 그려넣었어요. 그중에는 전쟁 때 사용할 수 있는 무기와 잠수복, 심지어는 약 400년 후에 발명된 헬리콥터의 설계도까지 있었지요! 레오나르도 다빈치는 분야를 가리지 않고 모든 것을 배우는 데 진심이었던 인물이랍니다.

✿ 모나리자를 보고 실망한 사람들

프랑스의 루브르 박물관은 매년 약 천만 명의 관람객이 찾는 명소이다. 이 중 대부분은 세계에서 가장 유명한 작품인 <모나리자>를 보기 위해 박물관을 찾아오는데, <모나리자> 근처에는 항상 구름 떼 같은 인파가 가득해서 관람이 쉽지 않을 정도이다. 물론 이 작품은 레오나르도 다빈치의 뛰어난 예술적 기법으로 가장 완벽한 그림으로 평가받지만 수많은 관람객 인파와 기대보다 작은 작품 크기로 때문에 실망하고 돌아가는 사람도 많다.

문화와 예술의 위인 7

종이 위에 입체를 담은 화가
ㅍ ㅋ ㅅ

① 풀코스　② 피카소　③ 포크송

피카소의 명언

"예술은 영혼에 묻은 일상의 먼지를 씻어내준다."

개성 넘치는 입체주의 작품 세계를 만들다

　파블로 피카소는 1881년 스페인에서 태어나 20세기를 대표하는 현대 미술가로 꼽히는 인물입니다. 그런데 여러분이 피카소의 작품을 찾아보면 갸우뚱할지도 몰라요. 찌그러진 얼굴에 형체를 알아보기 힘든 눈, 코, 입의 모습이 결코 잘 그린 그림 같아보이진 않거든요. 피카소가 이런 그림을 그린 이유는 바로 사진기와 관련 있어요. 사진기가 등장하기 이전에 미술 작품들은 얼마나 실제와 비슷하게 보이는지가 중요했어요. 잘 그린 그림은 현실 세계를 가장 똑같이 그린 그림이었죠. 그런데 실제 보이는 풍경을 그대로 포착하는 사진기가 보급되기 시작한 거예요. 아무리 똑같이 그려도 사진기로 찍는 것보다 똑같을 순 없겠죠? 그때부터 미술가들은 자기 생각을 담은 개성 있는 작품들을 그리기 시작했습니다.

　그중에서도 피카소는 '입체주의'라는 새로운 장르를 등장시켰는데요. 이는 평면인 캔버스 위에 입체를 표현하는 장르입니다. 예를 들어 여러분이 일반적으로 종이 위에 사람의 얼굴을 그린다면 얼굴의 앞모습이나 옆모습 중 하나를 그리겠지요? 그런데 피카소는 한 종이 위에 얼굴의 앞모습과 옆모습, 심지어는 위에서

내려다 본 모습까지 전부 그렸어요. 쉽게 말해 대상을 쪼개 여러 방향에서 관찰한 다음, 이를 종이 위에서 하나로 합쳐놓은 것이지요. 피카소의 <꿈>과 <우는 여인> 작품 등에서 이런 입체주의 화법들을 만나볼 수 있어요. 또 다른 대표작인 <게르니카>는 그가 살던 시대와 관련이 있어요. 스페인 내전 때 죄없는 민간인 2천여 명이 죽거나 다쳤어요. 이에 충격을 받은 피카소가 그린 그림이 <게르니카>입니다. 미술관의 한 쪽 벽면을 꽉 채우고 있을 정도로 거대한 이 작품 속에는 폭격으로 부상당한 사람, 아이를 잃고 절규하는 여인의 모습 등이 등장해 전쟁의 비극과 폭력성을 느낄 수 있어요. 이처럼 피카소는 자신의 이야기와 개성을 담아낸 작품들로 새로운 미술의 시대를 열었답니다.

뒤늦게 인정받은 피카소의 작품들

피카소는 어린 시절 이미 유명한 화가들의 실력을 뛰어넘을 정도의 미술적 재능을 가지고 있었다. 그러나 그가 이전까지 볼 수 없었던 독특한 그림으로 첫 입체주의 작품을 발표했을 때 사람들은 괴상한 작품이라며 피카소를 외면했다. 심지어는 그의 실력을 잘 알고있던 동료들조차 작품을 인정해주지 않았을 정도이다. 그러나 피카소가 연이은 입체주의 작품 발표를 거듭하자 사람들은 그가 미술의 새로운 장르를 개척했음을 인정하고, 피카소를 최고의 미술가로 찬양하기 시작했다.

문화와 예술의 위인 8

미키 마우스의 아버지
ㄷ ㅈ ㄴ

① 디즈니　② 다즈니　③ 다주니

디즈니의 명언

"디즈니랜드는 결코 완성되지 않을 것이다. 세상의 상상력이 남아있는 한 계속 성장할 것이다."

정답 ① 디즈니

미키마우스의 아버지 디즈니

# 월트 디즈니

짜릿한 즐거움을 선물합니다

　세상에서 가장 유명한 쥐를 알고 있나요? 동그랗고 커다란 귀에 해맑은 웃음을 짓고 있는 쥐, 바로 미키마우스입니다. 월트 디즈니는 전 세계가 사랑하는 미키마우스 캐릭터를 만든 애니메이터예요.

　어렸을 적부터 그림 그리기를 좋아하던 월트 디즈니는 형과 함께 1922년 미국 할리우드 지역에 '디즈니 브라더스 스튜디오'라는 회사를 세우고 수많은 애니메이션 영화를 만들었습니다. 그중에서도 미키 마우스 시리즈는 첫 등장부터 엄청난 인기를 끌었는데요. 캐릭터 최초로 팬클럽이 생길 정도였지요. 그런데 사람들이 이토록 열광한 이유가 꼭 귀여운 캐릭터 때문만은 아니에요.

　미키 마우스 시리즈는 세계 최초의 더빙 애니메이션이거든요. 이전까지 애니메이션은 대부분 소리 없이 화면 속 그림들만 움직였어요. 또 가끔 소리가 있다고 해도 간단한 사물의 효과음 정도였고요. 그런데 진짜 사람 목소리에 경쾌한 음악까지 등장하니 영화가 몇 배나 흥미진진해졌지요. 미키 마우스의 인기에 힘입어 이후에는 도널드 덕과 구피 등의 캐릭터들도 등장했답니다.

이에 멈추지 않고 월트 디즈니는 또 다른 도전을 이어갔습니다. 실제 배우들이 등장하는 영화와 달리 애니메이션 영화는 원래 10분 이내의 짧은 단편으로만 만들어졌습니다. 그런데 월트 디즈니가 처음으로 캐릭터들만 등장하는 한 시간 분량의 장편 애니메이션 영화 <백설공주와 일곱 난쟁이>를 제작한 것이죠.

　이는 큰 용기가 필요한 도전이었지만 다행히 영화는 폭발적인 인기를 불러일으켰습니다. 뿐만 아니라 월트 디즈니는 세계 최대의 규모와 입장객을 자랑하는 테마파크, '디즈니랜드'를 만들기도 했어요. 애니메이션 속 캐릭터들과 멋진 놀거리가 가득한 꿈 같은 공간이죠. 월트 디즈니 덕분에 우리가 즐길 수 있는 것이 참 많아졌죠?

✿ 월트 디즈니의 영화는 계속된다

월트 디즈니는 1966년 세상을 떠났지만, 그가 설립한 회사 '월트 디즈니 컴퍼니'는 지금까지도 영화 시장에 엄청난 영향력을 드러내고 있다. 2025년 현재까지 우리나라에서 개봉된 애니메이션 관객 수 순위 Top 10 영화 중 절반을 월트 디즈니 컴퍼니의 영화가 차지하고 있을 정도이다.

3장
정치와 사회의 위인

정치와 사회의 위인 ①
노예에게 해방과 자유를!
ㄹ ㅋ

① 링컨　② 루크　③ 록키

링컨의 명언

"일부 국민들을 오랜 세월 속이는 것도 가능하며, 전 국민을 잠시 속이는 것도 가능하긴 하지만, 전 국민을 영원히 속일 수는 없다."

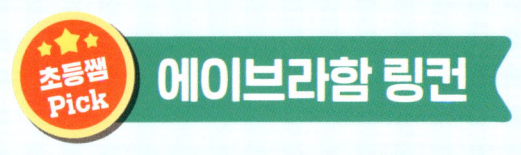

노예 제도를 폐지하라

노예는 주인에게 소속되어 그 사람이 시키는 모든 것들을 해야 하는 사람이에요. 또 노예는 재물로 여겨져서 돈을 주고 사거나 팔 수도 있었죠. 사람이 마치 물건이나 가축처럼 여겨진 것이에요. 심지어는 주인이 노예의 생명을 빼앗아도 큰 죄라고 여기지 않을 정도였어요. 미국의 16대 대통령, 에이브러햄 링컨은 이처럼 심각한 인권 차별이 담긴 노예 제도를 폐지한 인물입니다.

노예 제도는 인간의 역사에서 오랜 시간 동안 존재했어요. 1800년대 목화 재배 산업이 한창이던 미국 남부의 백인들은 많은 흑인을 노예로 삼아 일을 시키고 있었지요. 흑인들은 폭력과 차별 속에서 끔찍한 노동에 시달려야했어요. 일을 하지 않으면 매를 맞고, 잠을 잘 수도 없었습니다. 이러한 상황에서 미국 북부에서는 노예제를 폐지해야 한다는 목소리가 나오고 있었어요. 이 때문에 남부와 북부의 갈등은 점차 커져만 갔지요.

그러던 1861년, 노예의 해방을 주장하던 북부의 링컨이 대통령으로 당선되었어요. 링컨은 자유와 평등의 나라에서 인간이 다른 사람을 노예로 만드는 일이 있어서는 안 된다고 주장했지요. 링컨에 반대한 남부 세력들은 링컨과 북부를 공격하면서 미국에서 남북 전쟁이 시작되었습니다. 노예제를 놓고 한 나라 안에서 치열한 전쟁이 일어난 거죠. 전쟁이 이어지던 1863년 링컨은 '노예 해방 선언'을 발표했고, 그 이후에도 2년간 끝나지 않던 전쟁에서 결국 링컨이 속한 북부가 승리하면서 남부에 남아있던 노예 제도가 폐지되었습니다.

안타깝게도 링컨은 남북 전쟁이 끝난 지 5일 만에 피격을 당해 사망했지만 노예제 폐지 이후 미국은 자유와 평등에 한걸음 더 가까워졌습니다. 그리고 2007년, 노예제를 유지하던 마지막 나라인 아프리카의 모리타니를 끝으로 전 세계에서 노예 제도는 영원히 사라지게 되었습니다.

링컨의 게티스버그 연설

링컨은 미국 일리노이 주의 게티스버그에서 남북 전쟁의 희생자들을 위로하기 위한 연설을 했다. 2분 남짓한 정도의 짧은 분량이었음에도 링컨의 연설은 세계적으로 굉장히 유명해졌는데, 특히 '국민의, 국민에 의한, 국민을 위한 정치'라는 문장은 모든 인간을 평등하게 여기는 민주주의의 상징이라고도 여겨진다. 이처럼 사람들의 마음에 큰 울림을 준 링컨은 매년 미국에서 가장 존경받는 대통령으로 뽑히고 있다.

정치와 사회의 위인 ②
남아메리카의 독립 영웅
ㅂ ㄹ ㅂ ㄹ

① 불리볼리   ② 볼리바르   ③ 부리부리

볼리바르의 명언

"자유는 평등 없이는 존재할 수 없다."

피땀 흘려 이뤄낸 남아메리카의 독립

 세계 지도에서 남아메리카 대륙을 찾아서 다음의 나라들에 표시를 해보세요. 베네수엘라, 콜롬비아, 페루, 볼리비아, 칠레, 아르헨티나까지요. 모두 합치면 엄청난 면적을 자랑하는 이 나라들은 모두 스페인의 지배를 받던 나라입니다. 16세기는 유럽의 국가들이 바다를 횡단해서 다른 대륙의 나라를 정복하고, 식민지로 삼던 시기였어요. 그중에서도 스페인은 남아메리카 대륙의 절반에 가까운 나라들을 식민지로 만들었지요.

 약 300년 간의 긴 식민지 시기를 보내는 동안 남아메리카 국민들은 스페인 지배 계층에게 억압을 당했어요. 1783년 베네수엘라에서 태어난 시몬 볼리바르도 마찬가지였습니다. 그는 백인이었지만 베네수엘라에서 태어났다는 이유로 스페인 출신 백인들에게 차별을 받았거든요. 이런 배경에서 남아메리카를 스페인에서 해방시키겠다는 다짐을 하고, 독립운동에 뛰어들게 됩니다.

 하지만 그 과정은 쉽지 않았어요. 처음 베네수엘라를 독립시키는 과정에서는 국민들의 지지를 얻지 못해서 실패하기도 하고, 잇따른 전투에서 패배하며 몇 차례나 외국으로 도망치듯 떠나기도 했지요. 하지만 볼리바르는 포기하지 않고 싸워나갔어요. 그렇게 수많은 전투 끝에 콜롬비아를 시작으로 에콰도르, 페루, 볼리비아에 이르기까지 남미 대륙의 나라들을 차례차례 독립시켰습니다. 이후 볼리바르는 독립한 나라들을 포함해 남아메리카의 많은 국가를 합쳐 하나로 만들려는 계획을 세웠지만 안타깝게도 실패로 돌아갔어요. 각각의 나라들은 합쳐진 하나가 아닌 개별적으로 존재하고 싶어했기 때문이에요. 비록 그의 마지막 계획은 실현되지 못했지만, 시몬 볼리바르는 현재까지도 남아메리카의 위대한 해방자로 불리며 추앙받고 있답니다.

볼리바르의 망신

세계의 많은 나라는 역사상 위대했던 인물들의 모습을 새기거나 이름을 딴 화폐를 발행해 쓰고 있다. 베네수엘라 역시 독립 영웅인 볼리바르를 화폐의 단위로 쓰고 있는데, 2000년대부터 베네수엘라에는 물가가 급격하게 올라서 화폐의 가치가 떨어지는 초인플레이션 현상이 발생했다. 심지어 2021년에 새롭게 발행한 100만 볼리바르는 한국 돈으로 약 600원 정도로 베네수엘라의 인플레이션 문제는 심각한 수준이었다. 이후 베네수엘라는 화폐 단위에서 0을 여섯 개 빼는 등 화폐 개혁을 위해 애쓰고 있다.

정치와 사회의 위인 ③
폭력보다 강한 비폭력 독립운동가 ㄱㄷ

① 간디　② 고딕　③ 구디

간디의 명언

"남들이 단순하게 살 수 있도록 검소하게 살라."

폭력이 전부가 아니야

 인도는 90년이라는 오랜 시간 동안 영국의 지배를 받았어요. 그 말은 영국이 인도를 점령한 해에 태어난 아기가 90살 할머니, 할아버지가 될 때까지 쭉 영국의 통치 아래에 있었다는 것을 뜻하죠. 간디는 영국의 식민 지배에서 벗어나 자유를 찾기 위해 노력했던 인도의 독립운동가입니다.

 인도에서는 간디를 역사상 가장 위대한 지도자로 생각하는데요. 간디가 이토록 추앙받는 데에는 남다른 이유가 있습니다. 많은 나라가 독립운동을 벌이는 과정에서 자유를 얻기 위해 전쟁과 폭력이 있었어요. 자기 나라를 정복한 이들과 싸우기 위해서 말이죠. 그런데 간디는 물리적으로 싸우거나 다치게 하는 폭력 행위 없이 독립운동을 이어나갔습니다. 그것이 바로 간디가 가장 중요하게 여긴 '비폭력 불복종 운동'입니다. 무기를 가지고 싸우지 않으면서도 영국에게 강력하게 저항하는 방법이지요.

 영국이 인도인을 감시하고 억압하는 나쁜 법들이 생기자 간디는 많은 사람을 모아 '무슨 일이 있어도 다 함께 법을 따르지 말 것'을 주장했어요. 그리고 차별적인 법을 거부한다는 의미로 4천여 명의 사람들과 함께 인도인 출입이 제한된 지역으로 넘어가려 했어요. 간디는 이 일로 법을 어겼다며 감옥에 가기도 했습니다.

 또 제1차 세계대전 당시 영국은 전쟁 이후 인도의 독립을 보장하겠다는 조건으로 인도에 군사적 도움을 요청했지만, 전쟁에 승리하고나서 약속을 지키지 않았어요. 그러자 간디는 다시 거센 저항 운동을 이어갔습니다. 영국에서 만든 물품을 불매하고, 국산품을 쓰는 방식이었지요. 심지어는 영국에서 수입한 옷을 사입지 않기 위해 국민들이 직접 옷을 만들어 입도록 했습니다. 이처럼 간디와 인도 국민들의 치열한 노력 끝에 결국 1947년 인도는 영국으로부터 독립할 수 있었습니다.

너무 소심했던 간디

간디는 본격적인 독립운동가로 활동하기 전 영국의 대학에서 3년간 법학을 공부한 적이 있다. 그리고 1891년, 인도로 돌아와 뭄바이에 변호사 사무실을 개업했다. 그런데 수줍음이 많고 소심한 성격이었던 간디는 첫 소송에서 너무 긴장한 탓에 제대로 된 변호를 한마디도 못하고, 결국 패소하고 만다. 간디는 이 당시에 자신의 심장이 구두 속으로 꺼져 들어가는 것 같았다고 말하기도 했다. 이 이후로 간디에게 소송 의뢰를 맡기는 사람은 뚝 끊겼다.

정치와 사회의 위인 ④
27년의 감옥 생활에서 대통령이 되기까지 ㅁ ㄷ ㄹ

① 만델라　② 모델라　③ 메들리

만델라의 명언

"용기 있는 사람은 두려움을 느끼지 않는 자가 아니라 그것을 정복하는 자다."

넬슨 만델라

노벨 평화상을 수상한 남아공 최초의 흑인 대통령

　넬슨 만델라는 흑인들이 살기 더 나은 세상을 만들기 위해 노력한 인물이에요. 1960년대의 남아프리카공화국에서 흑인은 엄청나게 차별을 받았어요. 흑인이라는 이유만으로 공중 화장실을 사용하지 못하고, 별다른 이유도 없이 백인들에게 폭행을 당하는 일도 많았어요. 심지어는 백인 경찰이 평화적으로 시위를 벌이고 있는 흑인들을 가혹하게 죽이는 일까지 벌어졌지요.

　남아공 최초의 흑인 법률 사무소를 열고 변호사로 활동하고 있던 만델라는 이와 같은 현실에 큰 충격을 받고 투쟁을 결심하게 됩니다. 씩씩하게 불리한 법에 맞서고, 공평한 세상을 만들기 위해서라면 싸움도 주저하지 않았지요. 이런 그를 눈엣가시로 여겼던 남아공 정부는 그를 지명수배범으로 지목했어요.

　만델라는 경찰의 수배를 피해 숨어 다니면서도 투쟁을 멈추지 않았지만 결국 체포되어 1964년 종신형을 선고받았어요. 죽을 때까지 감옥에 갇혀 살아야 하는 벌이지요. 감옥에서 그는 인종차별적인 욕설과 고된 노동에 시달렸어요. 하지만 만델라는 고난 속에서도 흑인들의 인권을 되찾기 위한 노력을 멈추지 않았습니다. 그는 작은 창문 하나만 있는 비좁은 감옥 안에서 세계 여러 나라의 정상들에게 편지를 써 보냈어요. 남아공의 흑인들이 얼마나 부당한 대우를 받고 있는지를 담은 편지였죠. 시간이 흐른 후 그를 응원하는 수많은 사람이 생겼고, 전 세계에서도 그를 감옥에서 석방하라는 목소리가 들려왔어요. 결국 수감된 지 27년 만인 1990년, 드디어 그는 감옥에서 나올 수 있게 되었답니다. 그때 그의 나이는 무려 71세였어요. 또 석방된 이후 만델라는 오랜 시간 그가 인권 운동에 기울인 노력과 진정성을 인정받아 1993년 노벨 평화상을 수상하게 되었고, 그 다음 해에는 남아공의 대통령 선거에 나가 멋지게 당선되었습니다.

화해와 용서의 대통령, 넬슨 만델라

대통령이 된 넬슨 만델라는 그동안 자신을 지독하게 괴롭혔던 사람들을 만나게 되었다. 그들은 처벌받을 두려움에 떨고 있었지만 만델라는 놀랍게도 이들을 용서했다. 그들을 계속해서 미워하는 감정만 가진 채 살아간다면 그도 과거의 괴로움에서 자유롭지 못할 것을 알았기 때문이다. 결국 복수의 방식이 아닌 화해와 용서의 방식으로 남아공의 진정한 평화를 가져온 것이다. 그 누구도 따라가지 못할 그의 넓은 이해심과 인내심은 흑인들의 세상을 바꿔놓았다.

정치와 사회의 위인 5
마음의 눈으로 세상을 바라보다
ㅎ ㄹ ㅋ ㄹ

① 헬렌 캘리　② 헬렌 켈러　③ 호렌 콜린

헬렌 켈러의 명언

"길게 보면 위험을 피하는 것이 완전히 노출하는 것보다 안전하지도 않다. 겁내는 자도 대담한 자만큼 자주 붙잡힌다."

불평등과 차별? 내가 직접 없애겠어!

　미국의 사회 운동가인 헬렌 켈러는 태어나고 얼마 후 갑자기 찾아온 질병으로 하루 아침에 시력과 청력을 모두 잃었습니다. 아주 어린 아이가 한줌의 빛도, 작은 소리도 없는 깜깜한 세상에 살게 된 것입니다. 소통하는 법을 미처 익히지 못한 헬렌 켈러는 사람을 할퀴거나 물건을 던지는 등의 행동을 거침없이 했죠. 그러던 1887년, 헬렌 켈러가 일곱 살이 되던 해 그녀의 인생을 바꿔놓을 앤 설리번 선생님을 만나게 됩니다. 설리번 선생님은 '언어'가 무엇인지 전혀 이해하지 못했던 헬렌 켈러를 가르치기 위해 긴 인내의 시간을 거쳤어요. 헬렌의 손바닥 위에 글자를 반복해서 쓰는 방식으로 세상의 모든 것엔 이름이 있음을 알려줘야 했지요.

　마침내 헬렌은 물 펌프에서 쏟아져 나오는 물을 느끼며 그것이 바로 선생님이 매일 손바닥에 써준 'water(물)'이라는 사실을 깨닫고, 배움의 즐거움을 알게 되었어요. 이후 헬렌은 공부에 매진해 세계 최고의 명문인 하버드 대학을 우수한 성적으로 졸업하고, 5개 국어를 유창하게 하는 경지에까지 이르렀습니다.

　그리고 자기처럼 불리한 신체 조건과 장애를 가지고 살아가는 사람들이 받는 사회의 불평등을 없애야 한다고 주장했습니다. 그 래서 그녀는 장애인의 입장을 나타내는 책을 쓰고, 이들이 비장애 인과 똑같이 일하고 교육받을 수 있도록 연설했어요. 또 이런 활동들을 통해 모은 기금들로 형편이 어려운 장애인들의 학비를 지원해주기도 했지요.

뿐만 아니라 헬렌은 여성의 인권을 높이기 위한 노력도 기울였습니다. 1900년대 초 미국에서 여성은 투표를 할 수가 없었어요. 헬렌은 여성의 투표권을 주장하며 더 공정한 사회를 만들기 위한 운동을 펼쳤고, 결국 1920년 여성들도 투표권이 생기게 되었습니다. 이처럼 헬렌 켈러는 소외된 많은 사람들의 아픔을 볼 줄 알았던, 빛나는 마음의 눈을 가진 인물이었답니다.

✿ 사흘만 볼 수 있다면

헬렌 켈러는 자신에게 앞을 볼 수 있는 3일의 시간이 주어진다면 무엇을 하고 싶은지를 저서 <사흘만 볼 수 있다면>의 내용에 담았다. '사흘만 볼 수 있다면 첫째 날은 소중한 사람들의 얼굴을 보고, 둘째 날은 밤이 아침으로 바뀌는 기적을 보고, 셋째 날은 사람들이 오가는 평범한 거리를 보고 싶다.' 시력이 있는 사람들에겐 너무나도 당연하고 일상적인 일들이 사실은 무척이나 감사하고 아름다운 일이라는 것을 느낄 수 있는 대목이다.

정치와 사회의 위인 ⑥
세상의 어머니가 보여준 사랑과 보살핌 ㅌ ㄹ ㅅ

① 테레사　② 토로시　③ 탈레스

마더 테라사의 명언

"나는 내가 아픔을 느낄 만큼 사랑하면 아픔은 사라지고 더 큰 사랑만이 생겨난다는 역설을 발견했다."

당신을 혼자 두지 않겠습니다

 마더 테레사는 이 세상에서 가장 병들고 가난한 사람들의 어머니가 되었던 인물입니다. 테레사 앞에 붙은 '마더'는 많은 사람의 어머니라는 의미에서 붙여진 이름이지요. 어떻게 그녀는 세상의 어머니가 되었을까요?

 테레사는 어릴 적부터 '이웃을 사랑하라.'는 신의 가르침을 실천하기 위해 수녀가 되기를 꿈꿨어요. 쉽지 않을 거라며 말리는 주변의 걱정에도 1937년 그녀는 수녀가 되었고, 수녀회에서 운영하는 학교에서 학생들을 가르치는 일을 했어요. 그런데 테레사 수녀에게는 한가지 아쉬움이 있었어요. 바로 가장 가난하고 병든 사람들은 학교 밖 거리에 있다는 사실들이었죠. 결국 그녀는 그들을 더욱 가까이에서 돌보기 위해 수녀원 밖으로 나가기를 결심합니다. 그때부터 테레사 수녀는 검은 수녀복을 벗고, 가장 가난한 여인들이 입는다는 흰 사리 복장을 한 채 거리로 뛰어들었어요.

 테레사 수녀가 있던 곳은 인도의 콜카타라는 도시였습니다. 당시에 콜카타는 잦은 전쟁과 투쟁으로 매우 혼란스러운 상태였어요. 먹지 못해 굶어 죽어가는 사람과 피부가 썩어들어가는 전염병에 걸린 사람들, 또 집이 없어 길거리의 쓰레기 더미 속에서 자는 사람들도 많았죠. 눈 앞에서 죽어가고 있는 사람들을 본 테레사 수녀는 주저하지 않고, 그들에게 다가가 손길을 건넸어요. 또 본격적으로 이들을 돕기 위한 '사랑의 선교회'라는 단체를 설립했을 뿐만 아니라 부모를 잃은 아이들을 돌보기 위한 고아원, 전염병에 걸린 환자들을 치료하기 위한 평화의 마을도 세웠습니다.

 한평생을 가난과 차별 속에 살았던 이들은 처음으로 대가 없는 사랑과 보살핌을 받게되었어요. 모든 인간을 종교, 국적, 재산에 상관없이 귀중한 존재로 대했던 마더 테레사는 1979년 노벨 평화상을 수상했습니다. 그리고 그녀가 설립한 사랑의 선교회는 지금도 세계 각국에서 병들고 가난한 자들을 돕고 있습니다.

마더 테레사 효과

미국의 하버드 대학교에서는 인체가 병을 이겨내는 힘인 면역력에 대한 한 흥미로운 실험 결과를 발표하였다. 132명의 사람들에게 마더 테레사의 봉사 이야기를 보고 듣게 한 뒤에 이들의 면역력을 측정했더니 면역력이 이전보다 50%나 상승했다는 내용이었다. 이를 '마더 테레사 효과'로 불렀고, 누군가를 돕거나 선한 행동을 보는 것만으로도 긍정적인 영향을 받는다는 사실을 알려준다.

정치와 사회의 위인 7
침팬지의 가족이 된 동물학자
ㄱ ㄷ

① 구달　② 고딕　③ 구리

제인 구달의 명언

"나의 사명은 자연과 조화롭게 살 수 있는 세상을 만드는 것이다."

 **제인 구달**

인간만 도구를 사용한다고? 천만의 말씀!

　제인 구달은 동물에 대한 깊은 사랑을 바탕으로 자연 속으로 들어가 10여 년간 동물들과 함께 생활한 인물입니다. 그녀는 동물학자이자 환경학자, 또 침팬지 행동 연구 분야의 세계 최고 학자이기도 하지요. 제인 구달은 침팬지의 연구를 위해 1960년, 아프리카 탄자니아의 곰비 침팬지 보호구역으로 들어갔어요. 사람의 손이 전혀 닿지 않은 야생 속으로 들어가는 그녀를 보며 주위 사람들은 모두 그녀가 다치지는 않을지 걱정했지요. 물론 제인도 처음엔 두렵고 겁이 났어요. 침팬지는 인간보다 8~10배 정도 센 힘을 가지고 있는 데다가 무리 지어 생활했거든요. 하지만 그녀는 오랜 시간 동안 침팬지의 주위를 맴돌며 본인이 위협이 되지 않는 존재임을 알렸어요. 다행히도 이후부터 침팬지들은 그녀를 경계하지 않았답니다.

　제인은 침팬지의 가족으로 생활하며 먹이에서부터 소통 방법, 가족 관계, 서열 관계까지 모두 세밀하게 관찰했어요. 그리고 어느 날 놀라운 사실을 발견하게 됩니다. 제인과 가장 친했던 데이비드라는 이름의 침팬지를 관찰하던 때였지요. 데이비드는 흰개미집 위로 몸을 숙이더니 풀줄기 하나를 뽑아서 개미집의 구멍 속으로 쏙 집어넣었어요. 잠시 후 다시 뽑아 올린 풀줄기에는 흰개미들이 많이 붙어있었고, 데이비드는 그 흰개미들을 전부 먹어치웠습니다. 풀줄기가 곧 흐물흐물해지자 데이비드는 다른 이파리가 달린 나뭇가지를 주워서 잎을 제거하고, 긴 가지만 남게 만든 다음 다시 흰개미집의 구멍에 넣는 행동을 반복했지요. 이 발견은 세상에 큰 충격을 가져왔는데, 그 이유는 바로 동물이 도구를 사용할 수 있다는 것을 알게 되었기 때문입니다. 이전까지는 인간들만 도구를 사용할 수 있다고 생각해왔는데, 침팬지도 도구를 사용할 수 있던 것이죠. 뿐만 아니라 그녀의 연구는 동물들도 모두 각각의 성격과 개성, 감정이 있으며 인간과 다를 바 없이 특별하고 소중한 존재라는 사실을 깨닫게 해주었습니다.

✿ 제인 구달의 환경·동물 보호 운동

제인 구달은 현재까지도 환경 보호와 동물 보호 운동에 적극적으로 나서고 있다. 그 이유는 침팬지를 비롯한 많은 동물들이 무분별한 사냥과 실험 대상으로 고통받고, 환경 오염으로 인해 살 곳조차 잃고 있기 때문이다. 실제로 1900년대 초만해도 100만 마리에 이르던 침팬지의 개체수는 현재 약 20만 마리밖에 남지 않아 국제자연보호연맹에서는 침팬지를 멸종위기종으로 지정하였다.

정치와 사회의 위인 ⑧
거침없는 용기를 보여준 언론가
ㅍ ㄹ ㅊ

① 퓰리처   ② 폴리츠   ③ 프란츠

퓰리처의 명언

"간결하게 써라. 그러면 사람들이 읽을 것이다."

조지프 퓰리처
정확한 진실을 재밌게 전달하라

퓰리처 상은 모든 기자의 꿈이라 부를 정도로 언론계에서 인정받는 상이에요. 퓰리처 상을 수상한 사진에는 전쟁의 폭격으로 무너진 다리를 아슬아슬하게 건너고 있는 피난민들의 모습, 폭탄 화재 현장에서 발견된 한 살 아기를 껴안고 있는 소방관의 모습 등 정말 눈 깜짝할 사이의 순간들이 담겨있습니다. 이 퓰리처상은 현대 언론의 아버지라 불리는 조지프 퓰리처라는 인물이 만든 상이에요. 퓰리처가 처음 기자가 된 것은 일자리를 구하기 위해 고향 헝가리를 떠나 도착한 미국에서 사기를 당하고부터였어요. 외국에서 사기를 당했으니 얼마나 더 당황스럽고 억울했겠어요. 그래서 그는 한 신문에 자신의 억울한 사연을 담은 글을 기사로 쓰게 됩니다. 그 기사를 본 <베스틀리헤 포스트> 신문사의 편집국장은 퓰리처의 뛰어난 글 솜씨를 알아보고, 회사의 신문 기자가 되어줄 것을 제안하지요. 이때부터 퓰리처는 밤낮 없이 열정적으로 일하기 시작했어요. 초보 기자라고는 믿기지 않을 정도로 훌륭한 기사들을 써냈지요. 권력가와 정치가들을 비판하는 것도 주저하지 않았어요. 퓰리처는 잘못된 일을 세상에 알리는 것이 자기가 맡은 바라고 여겼거든요.

　시간이 흘러 퓰리처는 직접 새로운 신문사를 맡았습니다. 그리고 어려운 단어와 복잡한 정치 기사들만 가득한 신문을 재미있게 만들기 위해 최초의 시도를 합니다. 신문 한 편에 사람들의 흥미를 끌 수 있는 퀴즈를 넣고, 인기 있는 스포츠 경기 소식도 넣었지요. 심지어는 매주 신문에 웃긴 만화까지 연재했어요. 퓰리처의 과감한 시도들로 완전히 새로워진 신문은 대중에게 엄청난 인기를 누리게 되고, 결국 미국 1등 신문으로 거듭났습니다. 공정하고 진실한 정보를 보다 더 많은 사람들에게 쉽게 전달하려는 그의 시도들은 퓰리처 상의 명성이 여전히 빛나는 이유랍니다.

상처만 남긴 진흙탕 싸움

미국 내 발행 부수 1위로 커진 퓰리처의 신문사 <뉴욕 월드> 앞에 큰 경쟁자가 나타났다. 바로 <모닝 저널>의 발행자 윌리엄 랜돌프 허스트이다. 이들은 독자들의 시선을 더 많이 끌기 위해 치열하게 경쟁했는데 이 과정에서 사실을 훨씬 부풀린 기사를 쓰거나 지나치게 자극적이고 선정적인 기사를 싣기도 했다. 퓰리처가 중요하게 생각했던 언론 매체의 정확성과 객관성 원칙을 잃어버린 것이다. 훗날 퓰리처는 경쟁에 눈이 멀었던 이 시기를 후회한다고 말하기도 했다.

4장
혁신과 기술의 위인

혁신과 기술의 위인 ①
최초의 세계 일주에 도전한
ㅁ ㅈ ㄹ

① 마젤란   ② 모잘라   ③ 마자랭

마젤란의 명언

"모험은 항상 어려움을 동반한다. 그러나 그것은 우리가 꿈을 실현시키기 위해 도전해야 하는 일이다."

목숨을 건 항해에 도전하다

　멋진 세계 여행을 꿈꾸는 친구들이 있나요? 그렇다면 역사상 최초의 세계 일주를 떠난 탐험가 마젤란의 이야기를 소개할게요. 마젤란은 1519년 270명의 선원을 태운 다섯 척의 배와 함께 목숨을 건 항해를 시작했습니다. 그 항해는 스페인에서 출발하여 남아메리카 대륙을 돌아 동남아시아의 향신료를 가지고 다시 스페인으로 복귀하는 여정이었지요. 이는 유럽, 아메리카, 아시아, 아프리카를 모두 지나는, 그야말로 지구 한바퀴를 도는 엄청난 경로였습니다.

　닻을 올리고 출발한 지 1년 후인 1520년, 마젤란은 한 해협에 도착하게 됩니다. 남아메리카 대륙의 남단에 위치한 이 해협은 물길이 굉장히 좁고 구불구불했어요. 이곳을 지나는 동안 마젤란의 함대 중 한 척은 난파되어 가라앉고, 또 다른 한 척은 배를 돌려 스페인으로 도망가기까지 했어요.

　그렇게 온갖 역경을 이겨낸 끝에 겨우 해협을 빠져나온 마젤란은 드디어 잔잔하고 드넓은 바다를 만나게 되는데요. 그 바다는 바로 태평양이었습니다. 실제로 태평양(Pacific Ocean)이라는 이름은 마젤란이 '평화로운 바다'라고 부른 데에서 유래된 것이에요.

하지만 마젤란의 고난은 끝나지 않았습니다. 그 이유는 넓어도 너무 넓은 태평양 때문이었지요. 가도가도 끝이 보이지 않는 바다에서 식량은 거의 다 떨어지고, 선원들은 굶주림에 지쳐갔어요. 100일이 넘는 고통스러운 항해 끝에 이윽고 마젤란 함대는 아시아에 닿고, 필리핀에 잠시 머무르게 됩니다. 그리고 그곳 원주민들과의 전투에서 마젤란은 허망하게 목숨을 잃고 말았어요. 비록 그는 안타까운 죽음을 맞이했지만 남은 선원들은 끝까지 항해를 이어나갔고, 1522년 드디어 스페인으로 돌아오게 되었습니다. 이는 지구가 둥글다는 것을 처음으로 직접 증명한 여행이 되었습니다.

마젤란의 또 다른 위기

생각보다 힘든 항해와 마젤란의 고집스러운 성격 탓에 선원들의 불만은 커져만 갔다. 더군다나 계획대로라면 진작 도착했어야 할 마젤란 해협이 계속해서 나오지 않자 이들은 마젤란에게 대항하여 배 위에서 반란을 일으켰다. 마젤란은 이 과정에서 죽을 뻔했으나 겨우 반란을 진압하고, 지휘권을 지키게 되었다. 법에 따르면 반란에 참여한 선원들은 모두 처벌받아야 했으나 마젤란은 항해를 무사히 끝마치기 위해 반란에 앞장선 주동자만을 처벌하고, 나머지는 용서하였다.

혁신과 기술의 위인 ②

ㄱ ㄹ ㄹ ㅇ 가 선물한
새로운 우주

① 갈릴레이   ② 글로리아   ③ 가루래요

갈릴레이의 명언

"어찌하여 그대는 타인의 보고만 믿고 자기 눈으로 관찰하거나 보려고 하지 않는가."

그래도 지구는 돈다

  혁신이란 오래된 믿음이나 생각들을 완전히 바꾸고 새롭게 하는 것을 말해요. 갈릴레이는 고대 그리스 시대부터 1천 년이 넘는 시간 동안 사람들이 당연하게 믿어왔던 우주의 작동 원리에 혁신을 가져온 인물입니다. 긴 시간 동안 하늘이 있는 천상계는 신이 만든 완벽한 공간으로 여겨졌어요. 지구를 비롯한 모든 행성들은 완벽하게 매끈한 공 모양이고, 넓은 우주의 한가운데에는 우리가 사는 지구가 있다고 생각했지요. 또 모든 행성과 태양은 지구를 중심으로 돌고 있다고 믿었어요. 물론 지구는 움직이지 않고 고정된 채로요.

  그런데 갈릴레이가 직접 만든 망원경으로 바라본 하늘은 달랐습니다. 책에서 봤던 매끈한 공 모양과는 달리 달은 아주 거칠고 울퉁불퉁했지요. 마치 지구에 우뚝 솟은 산과 푹 꺼진 골짜기가 있는 것처럼요. 갈릴레이가 발견한 것은 이뿐만이 아니었어요. 그는 목성 근처에 있는 작은 점 네 개를 발견했는데, 매일 밤마다 이 점들의 위치가 바뀌는 것이 이상했습니다. 그래서 이 점들이 어떻게 움직이는지를 살펴보니 지구가 아닌, 목성을 중심으로 돌고 있었어요. 이는 갈릴레이가 인류 최초로 발견한 '위성'이었습니다. 위성이란 행성 주위를 회전하고 있는 천체를 말해요. 또 갈릴레이는 지구와 가까운 행성인 금성의 모습을 관찰하기도 했는데요. 망원경으로 바라본 금성은 모양과 크기가 계속해서 달라졌어요. 만약 금성이 지구를 중심으로 돌고 있다면 언제나 크기가 똑같이 보여야 하는데 말이지요. 이 모든 관찰은 천체가 전부 지구를 중심으로 돌고있다는 기존의 지식이 잘못되었음을 나타냈어요. 그리고 갈릴레이는 반대로 지구가 태양을 중심으로 돌고 있다는 사실을 과학적으로 밝혀냈습니다. 모두가 의심하지 않던 사실에 도전하는 엄청난 용기를 보여준 갈릴레이 덕분에 우리는 새로운 우주를 만날 수 있게 된 것이지요.

유죄를 선고받은 갈릴레이

17세기 갈릴레이가 주장한 '지구는 태양을 중심으로 돈다.' 는 사실은 종교계에 엄청난 반발을 일으켰다. 교회의 가르침에 맞지 않고, 교황의 권위를 훼손했다는 이유로 갈릴레이가 써낸 모든 책은 금서로 지정되었다. 그리고 갈릴레이는 종교 재판에 넘겨지게 되었는데, 교회에서는 그가 자기 주장이 틀렸음을 인정하고, 앞으로 다시는 이와 같은 주장을 하지 않을 것을 강요했다. 이를 받아들인 갈릴레이는 겨우 목숨을 유지했지만, 남은 삶을 평생 집에만 갇혀 지내는 처벌을 받게 되었다.

혁신과 기술의 위인 ③

생명의 비밀을 풀어낸 ㄷㅇ

① 다윗　② 다윈　③ 듀이

다윈의 명언

"자연에서는 가장 강한 것이 살아남는 것이 아니라, 변화에 잘 적응하는 것이다."

모든 생명은 끊임없이 변하고 있어

　밀림의 호랑이와 연못의 개구리, 텃밭의 잡초가 사실은 모두 한 가족이라는 사실을 알고 있나요? 심지어는 인간까지 말이에요. 믿기 어려운 이 이야기는 바로 찰스 다윈이 발표한 진화론의 내용입니다. 다윈은 1859년 출간한 <종의 기원>에서 20년 동안 연구한 생명체의 모든 것들을 담았어요.

　오랜 세월 동안 사람들은 모든 생명이 신의 손끝에서 탄생했다고 생각했어요. 신이 생명체들을 설계하고, 창조했다는 것이지요. 그런데 다윈이 이에 의문을 품게 된 일이 있었어요. 그건 그가 동태평양에 있는 섬들인 갈라파고스 제도로 여행을 떠나 '핀치새'를 관찰하게 되었을 때입니다. 갈라파고스 제도의 핀치새는 지역마다 모습이 달랐는데, 딱딱한 먹이가 있는 지역의 핀치새는 크고 단단한 부리를 가지고 있었어요. 반면에 부드럽고 작은 먹이가 있는 곳의 핀치새는 작고 뾰족한 부리를 가졌지요. 만약 신이 생명을 직접 창조해냈다면 완벽한 모습으로 모두 똑같이 존재할 텐데, 실제는 환경에 맞게 끊임없이 변화하고 있었던 것이지요. 이를 바탕으로 그는 한가지 사실을 깨달았어요. 모든 생명이 자연에 맞게 변화하기 이전으로 돌아가면 그 시작점엔 단 하나의 생명이 존재한다는 것이에요. 즉, 38억 년 전 지구에서 최초의 생명 하나가 탄생했고 이 생명체가 번식을 반복하면서 서로 다른 모습으로 끊임없이 변화한 끝에 어떤 생명은 원숭이가 되었고, 어떤 생명은 고래가 되었다는 것이에요. 모든 생명이 공통의 조상을 가지고 있다고 말하는 다윈의 진화론은 사람들의 엄청난 반발을 불러일으켰어요. 다윈을 원숭이에 빗대어 조롱하는 그림까지 떠돌았을 정도였지요. 그러나 다윈은 충분한 증거들을 통해 사람들을 설득하고 이해시켰습니다. 그리고 오늘날 다윈의 진화론은 생물의 다양성을 올바르게 설명하는 정설로 인정받고 있습니다.

✿ 목이 짧은 기린들은 어디로 갔을까?

아주 오래 전에는 지금과 달리 목이 짧은 기린이 있었다. 그런데 어째서 지금은 목이 긴 기린들만 남아 있는지에 대해 여러 학자들은 서로 다른 의견을 제시하고 있다. 그중 다윈의 진화론에 의하면 먹이가 부족했던 시기에 목이 긴 기린들은 더 높은 곳에 달려있는 먹이를 먹을 수 있었다. 이에 따라 목이 짧은 기린들은 살아남을 확률이 적었고, 목이 긴 기린의 개체 수가 자연스레 더 많아지게 되었다. 살아남은 개체들은 계속 번식을 이어나갔고, 지금은 목이 긴 기린만 남게 되었다.

혁신과 기술의 위인 ④
비행기로 오랜 소망에 닿다
ㄹ ㅇ ㅌ 형제

① 라이트   ② 로이타   ③ 라이터

라이트 형제의 명언

"날아가는 것은 단순히 날아오르는 것보다 더 큰 노력을 필요로 한다."

정답 ① 라이트

비행기 온도 수많이 움직이는 라이트 형제

플라이어 호, 파란 하늘을 날아오르다

　1896년, 행글라이더를 발명한 독일의 기술자 오토 릴리엔탈이 비행 도중 강풍으로 추락하여 목숨을 잃는 사건이 발생했습니다. 그때 미국에서 자전거 수리점을 운영하고 있던 한 형제는 이 소식에 충격을 받고 하늘을 나는 새로운 기계를 만들기로 결심하지요. 이들은 라이트 형제, 윌버 라이트와 오빌 라이트입니다.

　이전에도 하늘을 나는 비행체들은 있었습니다. 그러나 엔진이 없고, 기체의 영향으로만 날았기 때문에 여러 가지 한계가 있었지요. 그래서 라이트 형제는 스스로 날 수 있는 동력이 있고, 방향을 조종할 수 있는 '비행기'를 만들고 싶었던 것이에요. 이들은 수학, 물리학, 항공학 등 비행기와 관련된 모든 분야를 밤낮으로 연구했습니다. 또 새가 날 때와 자전거가 균형을 잡을 때의 원리를 바탕으로 조종 방식을 꾸준히 발전시켜 나갔습니다.

　그리고 라이트 형제는 그렇게 만든 비행기를 본격적으로 실험할 장소를 찾아다녔습니다. 그러던 중 바람이 일정한 크기와 속도로 부는 작은 마을 '키티호크'를 발견하여 연구실을 세우고 본격적인 비행 실험을 시작하게 됐지요.

이들이 연구를 시작한 지도 어느덧 3년이 지나고, 1903년 12월 라이트 형제는 대망의 '플라이어 1호'를 선보이며 비행기를 타고 하늘을 나는 첫 도전을 하게 됩니다. 처음엔 형 윌버 라이트가 비행기 위에 올라탔어요. 그러나 이륙과 동시에 플라이어 호가 추락하며 첫 시도는 안타깝게도 실패로 돌아갔어요. 하지만 형제는 비행기를 수리하여 3일 후 다시 한번 비행에 나섰습니다. 이번엔 동생인 오빌 라이트가 비행기에 올라탔고, 오빌은 형과 떨리는 인사를 마친 후 플라이어 호의 승강타를 잡아당겼어요. 이내 비행기가 떠오르고, 12초 동안 하늘을 누빈 플라이어 호는 형제의 승리를 축하하는 듯 부드럽게 땅으로 착륙했습니다. 하늘을 날고 싶다는 인류의 오랜 소망이 이루어진 순간이었습니다.

✿ 외면 받은 라이트 형제

라이트 형제가 인류 최초의 비행을 성공하고 얼마 후 이들의 업적은 신문에 실리며 세상에 알려지게 되었다. 그러나 기대와 달리 사람들은 라이트 형제를 지지하지 않았는데, 이는 형제가 비행기 연구 과정에서 만났던 사무엘 랭글리 박사 때문이었다. 그는 라이트 형제가 자신의 연구 성과를 훔쳐간 것이라며 형제에게 비난을 퍼부었다. 그러나 이후 형제는 보란 듯이 더욱 더 발전된 비행기를 발명하여 승객을 태우고, 비행하는 데까지 성공했다.

혁신과 기술의 위인 5
시간을 선물한 자동차 왕
ㅍ ㄷ

① 포도　② 포드　③ 파도

포드의 명언

"세상엔 두 종류의 사람이 있다. 자신이 할 수 있다고 생각하는 사람과 할 수 없다고 생각하는 사람. 물론 두 사람 모두 다 옳다. 생각한 그대로 되기 때문이다."

헨리 포드의 자동차, 미국 전역을 뒤덮다

　우리나라에 등록된 자동차 수가 2,500만 대가 넘는대요. 우리가 이렇게 흔하게 자동차를 볼 수 있게 된 것은 바로 자동차 왕 포드 덕분입니다. 헨리 포드는 1863년 미국에서 태어났어요. 어릴 때부터 기계에 관심이 많아 시계를 분해하고 조립하며 작동 원리를 익혔어요. 이웃과 친구들의 고장난 시계를 고쳐주며 시계 박사라는 별명을 얻을 정도였지요. 이러한 그의 호기심은 성인이 되어도 사그라들지 않았고 회사를 다니면서도 기계를 움직이는 엔진을 연구하며 1896년에는 직접 만든 첫 번째 자동차, 쿼드리사이클을 선보였습니다. 이 당시 대부분의 사람은 자전거나 말이 끄는 마차를 이용했기에 자동차를 보고 크게 놀랐고, 자동차가 움직이는 모습을 보기 위해 몰려들곤 했습니다.

　그러나 포드가 진짜 원한 것은 많은 사람이 자동차를 타는 것이었습니다. 그는 '포드 모터 컴퍼니'라는 회사를 직접 세우고, 더 많은 사람에게 자동차를 팔 방법을 고민했어요. 이를 위해서는 자동차의 가격을 낮추고 더욱 빠르게 많이 만들 수 있어야 했지요. 그래서 포드는 1908년 '포드 모델 T'라는 자동차를 출시하고 이를 대량으로 생산하기 위한 공장을 차렸어요. 그리고 공장 최초로 컨베이어 벨트를 설치했습니다. 마트에서 계산할 때 물건을 올려놓으면 자동으로 움직이는 벨트가 바로 컨베이어 벨트예요. 이 시스템으로 자동차의 부품을 이전보다 훨씬 빠르게 조립할 수 있었고, 같은 시간에 만들어내는 자동차의 숫자는 한 대에서 열 대 이상으로 늘어났지요. 이처럼 엄청난 생산량과 합리적인 가격을 자랑하는 포드 자동차의 인기는 미국 전역을 뒤덮었습니다. 거리에 돌아다니는 거의 모든 자동차가 포드 모델 T일 정도였지요. 이렇게 이동 시간을 줄여주고, 일하는 시간도 획기적으로 줄인 포드는 많은 사람에게 시간이라는 선물을 주었습니다.

포드 공장으로 몰린 사람들

헨리 포드는 자기 공장에서 일하던 노동자들의 일당을 5달러로 올렸다. 다른 노동자들의 평균 일당이 2.3달러 정도였던 것에 비하면 두 배가 넘는 돈을 준 것이다. 뿐만 아니라 헨리 포드는 일하는 시간도 단축시켰다. 대부분의 노동자들이 원래 주 6일을 출근하고 하루에 12시간씩 일을 했었다면 헨리 포드는 주 5일을 출근하고 하루에 8시간만 일하도록 근로 방식에 혁신을 가져온 것이다. 더 적게 일하고 많이 버는 포드 공장은 일하고 싶다며 몰린 사람들로 붐볐다.

혁신과 기술의 위인 ⑥

달에 딛은 인류 최초의 발걸음
ㅇ ㅅ ㅌ ㄹ

① 암스트롱　② 에스테르　③ 옹스트룀

암스트롱의 명언

"개인에게는 작은 발걸음이지만, 전 인류에게는 커다란 도약이다."

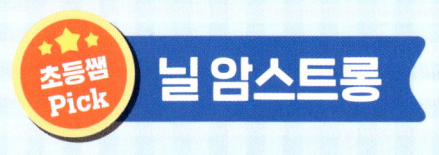

아폴로 11호의 우주비행사, 달에 도착하다

 1960년대는 소련과 미국이 서로를 견제하고, 전 세계의 권력을 차지하기 위해 치열하게 경쟁하던 시기였어요. 그러던 중 소련이 먼저 우주 최초의 인공위성을 만들어 띄웠고, 심지어 사람까지 우주로 보내는 데 성공했어요. 이에 질 수 없었던 미국은 인류 최초로 달에 가기 위한 계획을 세우게 되지요. 이 계획의 이름은 '아폴로 프로젝트'였습니다.

 막중한 임무를 맡은 아폴로 11호에는 닐 암스트롱과 버즈 올드린, 마이크 콜린스라는 우주비행사 세 명이 타게 되었습니다. 그중에서도 닐 암스트롱은 이전 우주 비행에 능력을 인정받아 사령관으로 임명되었어요. 그리고 마침내 1969년 7월 16일 8시 32분, 전 세계인이 두 손을 모으고 생중계로 지켜보는 가운데 커다란 불길과 함께 이들을 태운 로켓이 발사되었습니다. 그리고 나흘 후 아폴로 호는 본격적으로 달에 착륙할 준비를 했습니다. 그런데 예상치 못한 문제가 생겼어요.

 원래 이들은 달에서도 '고요의 바다'라고 부르는 평평한 지역에 착륙하기로 계획되어 있었는데 우주선이 예상 착륙 지점을 비켜간 곳에 도착하고 만 것이에요. 그곳은 울퉁불퉁하고, 땅이 고르지 않았어요. 게다가 우주선의 수소 연료도 다 떨어져 30초밖에 남지 않은 급박한 상황에서 암스트롱은 직접 착륙선을 수동으로 제어했어요. 위기를 침착하게 넘긴 덕분에 착륙은 성공적으로 이루어졌지요.

이후 그는 우주선의 사다리를 내리고, 밖으로 나설 준비를 마친 뒤 이런 말을 남겼어요. "이것은 한 명의 인간에게는 작은 발걸음이지만, 인류에게는 위대한 도약이다." 그가 달 위로 내딛은 최초의 발자국과 함께 인류의 영역은 지구를 넘어 광활한 우주까지 이르게 된 것이지요. 그리고 그는 이어서 내린 버즈 올드린과 함께 달에 국기를 꽂고, 약 두 시간 동안 달 표면을 조사한 뒤 지구로 무사히 복귀했어요.

✿ 아직도 남아있는 닐 암스트롱의 발자국

달의 표면에는 대기를 이루는 물과 공기가 없기 때문에 암석이 깎이거나 분해되는 작용이 일어나지 않는다. 우리가 바닷가에서 만든 모래성은 바람과 파도에 의해 무너지고 사라지지만 달에서는 오랜 시간 동안 지표면이 거의 변함없다는 것이다. 그래서 닐 암스트롱과 버즈 올드린이 달 표면에 남긴 발자국은 여전히 남아있으며 약 100만 년 뒤에나 사라질 예정이라고 한다.

혁신과 기술의 위인 ⑦

전쟁의 암호를 풀어라
ㅌ ㄹ

① 토리　② 튤립　③ 튜링

튜링의 명언

"기계가 생각할 수 있을지 묻는 것은 잠수함이 수영할 수 있는지 묻는 것과 같다."

제 2차 세계대전이 만들어낸 컴퓨터

  모두가 아는 '바다'라는 글자를 아무도 알아볼 수 없게 만드는 방법이 있어요. 바로 'ㅂ'을 'ㄹ'로 'ㅏ'는 'ㅡ'로 'ㄷ'을 'ㅁ'으로 바꿔서 표현하는 것이지요. 그럼 '바다'는 '르므'라는 뜻을 알 수 없는 암호가 되고, 이 글자를 해석하기 위해서는 암호를 풀어야만 합니다.

  이와 같이 비밀스러운 암호는 전쟁에서 승리하기 위한 핵심 전략이었어요. 그리고 앨런 튜링은 제2차 세계대전에서 독일군의 암호를 풀어 영국을 비롯한 연합군의 승리를 가져온 인물입니다. 전쟁 당시 영국은 독일의 복잡한 암호를 풀지 못해 굉장히 골치 아팠어요. 독일군은 '애니그마'라는 암호 기계로 생성한 암호를 주고받으며 영국의 식량을 전달하는 배를 폭파시켰어요. 이에 영국에서는 천재 수학자들을 모아 암호를 풀라는 임무를 내렸습니다. 팀장을 맡게 된 튜링은 한번의 법칙에 따라 45만 가지가 넘는 경우의 수를 지니고, 심지어 그 법칙조차 하루가 지나면 바뀌는 암호를 풀기 위해 고민했습니다. 아무리 똑똑한 수학자들이라고 해도 이를 계산하는 데 어마어마한 시간이 걸리기 때문에 뭔가 다른 방법이 필요했지요.

그러던 중 튜링은 이 계산 과정을 대신해줄 수 있는 기계가 있다면 어떨까 생각하게 되었습니다. 사람 대신 논리적인 과정을 직접 처리하여 결과를 빠르게 얻어내는 기계 말이죠. 그리고 그는 오랜 연구 끝에 '봄브'를 개발하게 되었습니다. 이 기계가 바로 오늘날 컴퓨터의 기초가 된 것입니다. 덕분에 영국군은 독일의 비밀 암호를 풀고, 그들이 언제 어디에서 공격할지에 대한 정보를 미리 입수하여 대응할 수 있게 되었어요. 이후에도 튜링은 초기 디지털 컴퓨터 연구 개발을 이어갔고, 최초로 인공지능에 대한 논문까지 발표할 정도로 컴퓨터 과학의 발전에 인생을 바친 인물입니다.

앨런 튜링의 모른 척

앨런 튜링이 독일군의 암호 '애니그마'를 풀게 된 후 맡게된 새 임무는 암호를 풀지 못한 척하는 것이었다. 만약 영국군이 암호를 알아낸 것을 독일군이 눈치챈다면 더 이상 애니그마를 쓰지 않을 것이고, 그렇다면 지금까지 암호를 풀기 위해 기울였던 노력이 모두 물거품이 되기 때문이다. 그래서 튜링과 동료들은 독일군의 공격을 우연히 막은 것처럼 보이게 하거나 다른 방법으로 정보를 알아낸 것처럼 했다. 이를 통해 제2차 세계대전은 2년이나 빨리 끝날 수 있었고, 1400만 명 이상의 사람들이 목숨을 구할 수 있었다.

혁신과 기술의 위인 8

스마트폰 하나로 무엇이든 가능한 세상 ㅈ ㅅ

① 조스   ② 잡스   ③ 조수

잡스의 명언

"디자인은 어떻게 보이고 느껴지냐의 문제만은 아니다.
디자인은 어떻게 기능하냐의 문제다."

애플, 전 세계 1위 기업이 되기까지

요즘 사람들이 가장 많이 사용하는 물건은 무엇일까요? 보물처럼 손에 꼭 쥐고 다니는 스마트폰이죠. 스티브 잡스는 스마트폰으로 새로운 시대의 문을 연 인물입니다.

낡은 차고에서 컴퓨터를 만들며 시간을 보내던 잡스와 친구 워즈니악은 1976년 애플이란 회사를 창업했습니다. 이들은 이전에 회사와 기관에서만 쓰던 크고 불편한 컴퓨터가 아닌 가정용 컴퓨터인 PC(Personal Computer)를 만들고자 했어요. 그러나 안타깝게도 컴퓨터는 판매가 그다지 좋지 못했고, 잡스는 자기가 만든 회사에서 쫓겨나기까지 했습니다.

12년의 시간이 흐르고, 계속된 실패로 부도 직전에 이른 애플은 당시 또 다른 사업으로 잘나가고 있던 잡스에게 다시 손을 내밀었어요. 그렇게 다시금 애플을 이끌게 된 잡스는 혁신적인 제품들을 출시하며 회사를 위기에서 구출합니다. 그리고 대망의 2007년, 검은 티셔츠에 청바지 복장으로 사람들 앞에 선 잡스는 세상을 완전히 바꿔놓을 제품을 처음으로 선보였어요. 이것이 바로 아이폰이었습니다. 아이폰 이전에도 스마트폰은 있었지만 이름에 비해 그다지 똑똑하지 않았어요. 휴대폰 크기의 절반 이상을 뚱뚱한 버튼식 휴대폰 자판기가 차지했고, 인터넷 연결도 제한적이었지요.

그는 아이폰을 만들며 과감하게 자판기를 없앴습니다. 대신 스크린 화면을 넓히고, 손가락 터치로 모든 것을 제어할 수 있도록 만들었지요. 또 지금까지 각각 따로 이용하던 음악, 신문, 전화, 메일 등을 아이폰이라는 작은 기계 하나에 담았어요. 통화를 하는 동시에 인터넷에 접속해 사진이 담긴 이메일을 전송할 수 있도록 말이지요. 뿐만 아니라 잡스는 누구나 앱을 제작하고, 자유롭게 다운받을 수 있는 앱스토어 서비스까지 제공했어요. 덕분에 우리는 스마트폰으로 게임도 하고, 물건도 주문할 수 있게 된 것이지요.

스티브 잡스와 토이스토리

스티브 잡스는 자기가 만든 회사 애플에서 쫓겨난 뒤 루카스 필름이라는 한 영화사의 컴퓨터 그래픽 부서를 인수하여 새로운 회사를 만들었다. 그것이 바로 세계 최대 애니메이션 스튜디오로 손꼽히는 '픽사 (Pixar)'이다. 그리고 얼마 후 3D 장편 애니메이션 <토이 스토리>를 개봉했고, 전 세계는 이 영화에 열광했다. 벼랑 끝에서 거둔 엄청난 성공으로 스티브 잡스는 미래 사업의 발판을 삼을 수 있었다.

5장 철학과 학문의 위인

철학과 학문의 위인 ①

질문으로 지혜에 다가간 철학자
ㅅㅋㄹㅌㅅ

① 소크라타스　② 소크라테스　③ 소쿠리타스

소크라테스의 명언

"유일한 선은 앎이요, 유일한 악은 무지이다."

모르는 것을 모른다고 인정할 용기

　수업 시간에 모르는 것을 한번이라도 질문해 본 적이 있는 친구라면 축하합니다! 여러분은 세상에서 제일 현명한 철학자 소크라테스의 제자가 될 자격이 있거든요. 왜냐하면 소크라테스는 자기가 모르는 것을 깨닫는 게 가장 중요하다고 이야기했던 인물이기 때문입니다. 소크라테스는 기원전 470년 고대 그리스의 수도 아테네에 살았어요. 그는 삶에 대하여 질문하기를 매우 좋아했기 때문에 아테네 사람들에게 질문하기 위해 매일 돌아다녔습니다. 그리고 한가지 특이한 사실을 발견했지요. 바로 스스로 똑똑하다고 말하는 사람들은 자신이 모르는 것을 깨닫거나 지적 당하면 화를 내고, 더 이상 대화를 이어가지 않는다는 것이었어요. 그러나 소크라테스는 달랐습니다. 그는 스스로 아무것도 모른다고 생각했기 때문에 더욱 끊임없이 질문하고 생각했어요. 그가 매우 좋아했던 말 중 하나도 바로 '너 자신을 알라.' 였어요. 진정한 지혜는 자기가 모르는 것을 인정하는 용기에서 출발한다는 의미지요.

　소크라테스는 이 깨달음을 아테네의 사람들에게도 전하고자 했습니다. 이를 위해 말을 하는 도중에 본인 스스로 깨달을 수밖에 없는 질문을 활용했어요. 쉬운 예를 들어볼게요. 누군가 "거짓말은 나쁘다." 라고 말했을 때, 소크라테스는 이렇게 질문합니다. "그럼 당신은 생일 선물을 준 친구에게 '선물이 마음에 안 들어.' 라고 솔직하게 말할 수 있는가?" 라고 말이죠. 만약 상대방이 "말할 수 없다." 라고 한다면 "거짓말은 나쁜 것인데 왜 거짓말을 하는가?" 라고 물어보는 것이에요. 이런 대화로 사람들은 진짜 거짓말이 나쁜 것인지, 거짓말이 무엇인지 다시 한번 깊게 생각할 수 있게 되었지요. 질문을 통해 생각하는 힘을 깨운 철학가 소크라테스 덕분에 사람들은 지혜에 한걸음 가까워질 수 있었습니다.

✿ 사형을 선고받은 소크라테스

소크라테스는 70세의 나이에 '신을 믿지 않고, 사람들을 혼란스럽게 한다.' 는 이유로 재판에 서게 되었다. 당시 아테네의 재판은 500명의 배심원들이 다수결로 판결을 내리는 방식이었고, 결과는 유죄 280명 대 반대 220명으로 유죄 판결을 받게 되었다. 뿐만 아니라 그는 배심원들에게 끝까지 당당한 태도로 자신은 죄가 없다고 주장하여 사형까지 선고받고 말았다. 이후 소크라테스의 친구들은 그에게 감옥을 몰래 탈출할 것을 제안했지만, 소크라테스는 끝까지 아테네의 법을 따르겠다며 결국 독약을 마시고 세상을 떠났다.

철학과 학문의 위인 2

사랑으로 유교를 창시한
ㄱ ㅈ

① 가자 ② 공자 ③ 공주

공자의 명언

"나는 아직까지 어진 것을 좋아하는 사람과 어질지 못한 것을 미워하는 사람을 보지 못하였다. 어진 것을 좋아했던 자는 더할 나위가 없었더라."

인의 가르침을 전파한 성인

'부모님 말씀을 잘 들어야 한다.', '어른들께는 예의 바르게 행동해야 한다.' 처럼 우리가 당연하게 여기는 생각은 유교에서 비롯된 것들이 많습니다. 한국을 비롯한 일본, 중국 등의 동아시아 나라들은 유교라는 학문을 오랫동안 공부해왔기 때문에 자연스럽게 그 가르침을 따르는 경우가 많거든요. 그 유교 사상의 뿌리가 된 사람이 바로 공자입니다. 그는 중국의 철학자이자 세계 역사상 가장 지혜로운 4대 성인 중 하나로 꼽히는 인물이에요.

공자는 기원전 551년 중국의 춘추 전국 시대에 태어났습니다. 그 시기 중국은 굉장히 어지러웠어요. 여러 작은 나라가 등장하여 영토를 넓히기 위해 매일같이 전쟁을 치뤘고, 권력을 차지하기 위해 서로를 다치게 하거나 죽이는 일도 많았죠. 심지어는 가족끼리도 말이에요. 이를 매우 안타깝게 여긴 공자는 사회가 불행해진 원인을 찾기 시작했어요. 그리고 이는 모두 '인(仁)'이 부족하기 때문이라는 결론을 내렸습니다. '인(仁)'은 공자가 처음으로 이야기한 덕목으로 사람에 대한 사랑을 뜻하는 말이에요. 공자는 인을 실천할 수 있는 방법들을 생각해냈어요. 그 첫 번째 방법은 바로 가까운 사람을 사랑하는 것이었지요. 우리에게 가장 가까운 사람은 가족이지요? 그래서 공자가 제일 강조한 것은 내 부모와 형제에 대한 사랑이었답니다. 맛있는 간식이 생기면 '동생과 나눠먹어야지.' 라고 생각하는 것처럼 말이에요.

또 공자는 학문을 배우고 싶어하는 사람이라면 모두 기꺼이 가르쳤습니다. 당시 교육은 계급이 높은 귀족들만 받을 수 있는 것이었지만, 공자는 배움을 나누는 것을 아끼지 않았어요. 이에 공자의 가르침을 받은 제자만 해도 3천 명이 넘었습니다. 공자가 세상을 떠난 후에 그의 제자들은 공자가 남긴 말과 가르침을 모아 <논어>라는 책을 펴냈습니다. 2500여 년 전 공자의 가르침은 지금 우리 사회에서도 꼭 필요한 사랑과 도리를 이야기하고 있답니다.

논어에는 어떤 내용이 담겨있을까?

<논어>에는 인간 세상을 살아가는 데 필요한 공자의 수많은 지혜와 가르침이 담겨있다.

기소불욕 물시어인(己所不欲勿施於人) 자기가 원하지 않는 일은 남에게 시키지 마라.

과유불급(過猶不及) 지나침은 모자람과 같다.

삼인행 필유아사(三人行必有我師) 세 사람이 같이 가면 그중에는 반드시 나의 스승이 있다

철학과 학문의 위인 ③
세상의 만물은 수로 이루어져있다
ㅍ ㅌ ㄱ ㄹ ㅅ

① 피타고라스 ② 파티고라스 ③ 핀트글라스

피타고라스의 명언

"침묵하라. 아니면 침묵보다 더 가치있는 말을 하라.
많은 단어로 적게 말하지 말고 적은 단어로 많은 것을 말하라."

우주에도 수의 규칙이 있다고!

    고대 그리스에서는 세상이 무엇으로 이루어져있는지, 즉 세상의 본질이 무엇인지 궁금해하는 사람들이 많았어요. 어떤 학자는 만물이 물로 이루어져 있다고 했고, 어떤 학자는 불이라고 얘기했지요. 그런데 피타고라스는 최초로 세상이 '수'로 이루어졌다고 주장한 인물입니다. 수학 문제집에서나 볼 수 있는 숫자들이 세상을 이루고 있다니 이게 도대체 무슨 말일까요?

    피타고라스는 대장간에서 망치를 두드리는 소리가 왜 어떤 때는 듣기 싫고, 어떤 때는 조화롭게 들리는지에 대한 의문을 가졌어요. 그러다가 아름다운 소리에는 일정한 수의 비율이 숨어있다는 것을 알게 되었지요. 예를 들어 줄을 튕겨서 소리를 내는 악기에서 각각의 줄 길이가 2:3의 비율일 때 듣기 좋은 소리가 난다는 것이에요. 피타고라스는 이에 그치지 않고, 아름다운 수의 비율을 발전시켜 듣기 좋은 일곱 개의 음계로 발전시켰는데, 이는 여러분이 잘 알고 있는 '도레미파솔라시도'의 출발점이 되었습니다. 이를 통해 피타고라스는 세상의 조화로운 모든 것에는 수의 규칙이 있다고 생각하고, 그중 가장 아름다운 길이의 규칙인 '황금비

율'을 찾아냈어요. 황금비율은 많은 건축물과 예술 작품에서 관찰할 수 있지요. 뿐만 아니라 우주에 있는 수많은 별과 행성은 일정한 수의 공식에 따라 움직이고 있으며, 그 공식들은 아름다운 조화를 이룬다고 생각했어요. 질서와 조화를 뜻하는 단어 '코스모스(Cosmos)'가 '우주'라는 의미로 쓰이기 시작한 것도 피타고라스의 영향이랍니다. 또 피타고라스는 직각 삼각형을 만드는 법칙과 삼각형 내각의 합 공식을 알아냈으며, 일정한 특징을 가진 숫자들에 이름을 붙이기도 했습니다. 이처럼 수학, 과학, 음악, 우주 등 모든 세상의 만물을 수로 바라본 피타고라스는 우리에게 세상의 규칙을 알아낼 수 있는 열쇠를 주었습니다.

✿ 별 모양을 처음 만든 게 피타고라스?

우리가 흔히 쓰는 별 모양 그림은 사실 피타고라스가 만든 '펜타그램'이라는 도형이다. 피타고라스는 오각형을 그린 다음 각각의 꼭짓점을 이었다. 이렇게 만들어지는 다섯 개의 선분은 별 모양을 이룬다. 뿐만 아니라 별 모양 가운데에 만들어진 작은 오각형의 꼭짓점을 이으면 또 다시 작은 별 모양을 만들 수 있다. 일정한 수의 법칙 때문에 별 모양을 계속해서 만들어낼 수 있는 것이다. 피타고라스는 펜타그램 모양의 배지를 만들어 본인 학파의 상징으로 사용하기도 했다.

철학과 학문의 위인 ④

수학이 가장 쉬웠어요
ㄱ ㅇ ㅅ

① 가우스　② 게이샤　③ 가오스

가우스의 명언

"수학은 과학의 여왕이고, 정수론은 수학의 여왕이다."

2000년의 난제를 풀어낸 수학 천재

"나는 말하는 것보다 계산하는 것을 더 먼저 배웠다." 라는 말을 남긴 천재적인 독일의 수학자, 가우스는 어린 시절부터 남다른 재능을 드러냈습니다. 1786년, 그가 열 살이던 해에 초등학교 담임 선생님은 학생들에게 어려운 문제를 하나 냈는데요. 바로 1부터 100까지의 수를 모두 더한 값을 구하라는 문제였습니다. 계산기로 더해도 한참 걸릴 만한 문제를 가우스는 망설임 없이 풀기 시작했습니다. 단숨에 계산을 끝낸 그가 당당히 제출한 답은 5050, 완벽한 정답이었습니다. 그는 1+2+3… 의 순서대로 덧셈 계산을 하지 않고, 맨처음에 있는 1과 마지막에 있는 100을 먼저 더했어요. 그러면 답은 101이 나오지요. 그 다음 2+99, 3+98, 4+97…… 순으로 계산을 반복하면 똑같은 101이라는 답이 총 50번 반복되는 것을 알 수 있어요. 결국 1부터 100까지 모든 수의 합은 101×50=5050인 것이지요. 가우스는 단순히 계산을 빠르게 한 것이 아닌, 수의 법칙을 이용한 것입니다. 그리고 시간이 흘러 1795년, 가우스는 고대 그리스 때부터 2000년간 풀리지 않던 문제를 푸는 데 성공합니다. 바로 정십칠각형을 그리는 방법에 관한 것이었어요. 간단한 정삼각형, 정사각형과 다르게 정십칠각형은 수많은 학자들의 도전에도 불구하고 그릴 수가 없었거든요. 가우스는 이를 풀기 위해 페르마 소수라는 개념을 처음으로 만들었고, 이것을 이용하면 자와 컴퍼스만을 이용해서 정257각형 까지도 그릴 수 있다는 것을 증명했지요.

뿐만 아니라 가우스는 수학적 재능을 천문학에도 활용했습니다. 당시에 한 이탈리아 학자는 화성과 목성 사이에 처음 보는 소행성을 발견했어요. 그러나 그 소행성은 알 수 없는 경로로 움직여 사라져버려 찾을 수가 없었어요. 그러자 가우스는 소행성의 궤도를 계산해서 소행성이 있을 만한 위치를 예측했어요. 이외에도 가우스는 '가우스 평면', '가우스 함수', '가우스 전자기 법칙' 등 수없이 많은 이론으로 세상을 놀라게 했답니다.

✦ 가우스의 공부를 반대한 아버지

가우스는 학교에 입학하기 전부터 아버지의 노트에서 틀린 계산을 찾아낼 정도로 수학에 재능을 보였다. 그러나 그의 아버지는 아들이 일을 하며 돈을 벌기를 바랐기 때문에 공부에 필요한 학비를 지원해주지 않았어요. 다행히도 공작 페르디난트는 가우스의 천재성을 알아보고 그를 지원했고, 덕분에 가우스는 상류층 가문만 다니던 괴팅겐 대학교에 입학하여 하고싶은 공부를 이어갈 수 있었다.

철학과 학문의 위인 5
도덕적인 삶을 탐구한 철학자
ㅋ ㅌ

① 칸트　② 코팅　③ 커튼

칸트의 명언

"인간은 자유로운 존재이며, 다른 사람에게 종속되어서는 안 된다."

시계 바늘만큼 정확한 사람, 나야 나

'서양의 철학은 칸트 이전과 이후로 나뉜다.'라는 말이 있을 정도로 칸트는 역사상 가장 위대한 철학자로 손꼽힙니다. 이와 함께 칸트는 누구보다 철저한 자기 관리의 대명사로도 불린답니다. 칸트는 한번 계획을 세워놓으면 이를 결코 어기는 일이 없었습니다. 매일을 새벽 다섯 시에 일어나 일곱 시에 학교에 가서 강의를 하고, 한 시가 되면 집으로 돌아와 식사를 한 뒤 세 시가 되면 산책을 나갔습니다. 칸트가 얼마나 철저했냐면 매일 같은 시간, 같은 곳으로 산책을 나갔기 때문에 그 공원에 있는 사람들은 칸트가 지나가는 시간을 보고 시계 바늘을 맞출 정도였다고 하지요. 뿐만 아니라 칸트는 건강을 위해 음식을 적게 먹고, 매달 정해진 돈을 꼬박꼬박 저축하는 등 무척이나 반듯한 삶을 살았습니다.

그가 이런 생활을 고집했던 이유는 생각에 깊이 몰입해서 깨달음을 얻기 위해서였어요. 칸트는 모든 사람이 언제나 지켜야하는 '도덕'을 열렬히 탐구했거든요. 칸트는 어떤 행동을 할 때 그것이 옳고 도덕적인지 판단하기 위해서는 '다른 사람이 모두 그 행동을 해도 괜찮을까?' 라는 질문에 답해보라고 이야기했습니다. "주말에 시간이 없어서 어쩔 수 없이 학교 숙제를 못했어요." 라고 말하기 전에 '다른 친구들도 모두 시간이 없다고 숙제를 안 해도 될까?'를 먼저 따져보라는 것이지요. 뿐만 아니라 사람들을 대할 때의 태도에 대해서도 이야기했어요. '사람들은 서로를 이용하려고만 해서는 안 되고, 한 명 한 명을 소중히 여길 줄 알아야 한다.' 라고 말이지요. 예를 들어 공부를 잘하는 친구가 있다면 그 친구를 나의 숙제를 도와주는 친구로만 여기면 안 되고, 내 소중한 친구로서 대해줘야 한다는 말이에요. 가지런한 삶을 살았던 칸트는 자신의 일상뿐만 아니라 모든 사람을 소중하게 여기고, 더 나아가 도덕적인 사회를 만들고자 했습니다.

✿ 놀랄 만큼 단순했던 칸트의 삶

칸트는 앞서 말했던 것처럼 철저한 계획을 세우고 지킨 것으로 유명하지만 더 놀라운 사실은 80년 평생 동안 자신의 고향인 옛 독일의 쾨니히스베르크 바깥으로 벗어난 적이 없다는 것이다. 세계 여러 나라와 도시를 여행하며 많은 경험을 쌓았던 다른 위인들과 다르게 칸트의 관심사는 오직 철학, 즉 생각하는 것 외에는 큰 관심이 없었던 것이다. 이처럼 그의 단순한 삶은 오히려 보다 깊고 또렷한 연구에 집중할 수 있는 계기가 되었다.

철학과 학문의 위인 6

가격을 결정하는 보이지 않는 손
ㅅ ㅁ ㅅ

① 스미스　② 소머스　③ 스무스

애덤 스미스의 명언

"사람은 흥정을 하는 동물이다. 그 어떤 개도 자기가 가진 뼈다귀를 다른 뼈다귀와 바꾸지 않는다."

애덤 스미스

자본주의 경제의 기초를 쌓다

과일 가게에 있는 빨간 사과의 가격은 누가 결정하는 것일까요? 사과를 재배한 농장 주인, 농장 주인에게 사과를 구매해서 파는 과일 가게 사장님, 사과를 사고 싶은 사람들 중 하나일까요? 사실 진짜 사과의 가격을 결정하는 것은 '보이지 않는 손'이랍니다. 애덤 스미스는 바로 이 보이지 않는 손을 처음 발견하고 정리한 경제학의 아버지예요.

18세기 영국에서 태어난 애덤 스미스는 <국부론>이라는 책에서 시장의 가격이 정해지는 원리를 설명했어요. 우리가 무언가를 살 때는 물건을 만든 사람과 사려는 사람이 서로 동의하는 수준에서 가격이 결정됩니다. 예를 들어 콜라의 가격이 3,000원으로 올라 사람들이 콜라를 잘 사지 않는다면 콜라를 파는 사람은 가격을 조금씩 낮추겠지요. 반대로 2,000원인 콜라를 사려는 사람이 많으면 콜라의 가격은 그보다 점점 올라갈 것입니다. 그렇게 콜라의 가격은 2,000원과 3,000원 사이의 적절한 지점에서 결정되는 것이지요. 이처럼 애덤 스미스는 생산자와 소비자 사이의 의견을 잘 조율해서 저절로 가격을 결정하는 것이 바로 '보이지 않는 손'이라고 설명했어요. 그리고 그는 분업의 중요성에 대해서도 얘기했습니다. 분업이란 여러 사람이 각자 자신이 잘할 수 있는 일을 나눠 맡아서 하나의 일을 완성하는 방법을 의미해요. 예를 들어 공장에서 한 사람이 물건을 자르고 붙이고 포장까지 전부 할 때 하루종일 20개의 제품만 만들 수 있다고 할게요. 그런데 만약 다른 사람과 역할을 나누어 한 명은 자르는 일, 다른 한 명은 붙이는 일만 맡는다면 하루에 약 4,800개의 제품까지 만들 수 있다는 것이죠. 애덤 스미스의 이런 주장들은 자유 경제와 자본주의 시대의 기초가 되었어요. 덕분에 사람들은 이전보다 빠르게 자산을 늘리고, 건강한 경쟁을 통해 더욱 나은 제품과 서비스를 제공할 수가 있게 되었습니다.

애덤 스미스도 예측하지 못한 세계 대공황

애덤 스미스의 주장 이후 세계는 자유로운 시장 경제를 중심으로 돌아갔다. 그러나 1929년, 전 세계에 엄청난 경제 위기를 불러온 대공황 이후 상황은 완전히 뒤집어졌다. 기업들이 줄줄이 망했고, 물건은 더 이상 팔리지 않고 쌓여만 갔다. 시장이 이미 망가졌기에 '보이지 않는 손'에 의해 저절로 돌아가는 거래가 불가능했던 것이다. 따라서 국가는 적극적으로 나서서 경제력을 끌어올리기 위해 노력할 수밖에 없었고, 이후 정부가 어느 정도 시장에 개입해야 한다는 필요성이 제기되었다.

철학과 학문의 위인 7
새로운 교육의 시대를 연
ㅍ ㅅ ㅌ ㄹ ㅊ

① 페스탈로치　② 페스트로치　③ 페소토라치

페스탈로치의 명언
"올바른 사회는 오직 아이들에게 참다운 교육을 실시함으로써 이루어질 수 있다."

공부는 머리로만 하는 게 아니야

　공부하기 싫거나 학교에 안 가고 싶다고 생각해본 적이 있나요? 물론 배우는 것이 힘들 때도 있지만 모든 아동이 교육을 받기 시작한 것은 그리 오래되지 않았어요. 페스탈로치가 태어난 18세기까지만해도 교육이란 부잣집 아이들만 받을 수 있는 것이었거든요. 집이 가난한 아이들은 길거리를 돌아다니며 구걸하거나 하루 종일 부모님의 일을 도와야 했어요. 그는 이러한 현실에 안타까움을 느끼고 교육을 변화시키고자 힘썼던 인물입니다.

　페스탈로치는 버려진 아이들을 위해 고아원을 차리고, 학교를 세워 아이들을 가르칠 정도로 교육에 진심이었지만, 정작 자기는 공부에 재능이 없었어요. 쉬운 수학 계산도 못하고, 글자도 잘 쓰지 못해서 선생님께 매를 맞거나 친구들에게 무시를 당했지요. 그 당시 아이들은 맞거나 혼나면서 자라야 한다고 여겨졌기 때문이에요. 하지만 페스탈로치는 모든 아이에게는 잠재된 힘이 있으며 어른과 똑같이 존중받아야 한다고 주장했습니다. 그래서 그는 아이들을 차별하지 않고 사랑으로 가르쳤어요. 공부를 못하는 아이들도 자신감을 잃지 않고 각자가 잘하는 것을 찾을 수 있도록 도와줬지요. 페스탈로치가 중요하게 여긴 공부는 단순히 암기를 잘하고, 문제를 잘 푸는 것이 아니었습니다. 그보다 중요한 건 머리와 마음, 몸 모두를 균형 있게 발전시키는 것이었지요. 지식을 담당하는 머리와 건강한 몸이 모두 조화롭도록 말이에요.

페스탈로치는 학교에서 아이들과 함께 뛰어 놀거나, 농사를 짓고 옷감을 짜는 기술을 가르치기도 했어요. 이 모든 것이 그가 생각하는 교육이었으니까요. 페스탈로치의 어린이에 대한 사랑과 교육적 사상 덕분에 오늘날 전 세계의 많은 학교와 교육자는 아이들에게 더 나은 교육을 위해 노력하고 있습니다.

고생 끝에 교육의 아버지가 되기까지

페스탈로치가 처음으로 세운 학교, 노이호프에서는 가난한 아이들을 위해 농사 짓기와 옷감 짜기 등 다양한 기술을 가르쳤다. 그러나 아이들을 이용하는 것이 아니냐고 비난하는 사람들 때문에 학교는 얼마 안 가 문을 닫았다. 그 이후에 세운 고아원도 전쟁 중 군사 시설로 바뀌는 등 연속된 실패를 겪으며 힘든 나날을 보냈다. 그러나 교육에 대해 쓴 그의 책이 명성을 얻기 시작하고, 새롭게 세운 이페르돈 학교도 교육의 새로운 모습으로 인정받기 시작하면서 그는 유럽 전역에 이름을 떨치게 되었다.

철학과 학문의 위인 8

누구보다 곤충에 진심
ㅍ ㅂ ㄹ

① 페브릭　② 피브린　③ 파브르

파브르의 명언

"인내를 가지고 노력하면 당신도 고난을 극복할 수 있다."

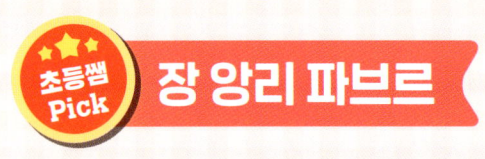

곤충의 삶 속으로 들어간 학자

길가에 꼼짝 않고 몇 시간을 엎드려 있는 수상한 남성이 있다는 신고를 받고 경찰이 출동했습니다. 알고보니 그가 엎드려 있던 이유는 바로 풀 속의 곤충을 관찰하느라였지요. 이 남성의 이름은 장 앙리 파브르, 훗날 곤충 박사로 이름을 떨친 인물입니다. 그의 곤충 연구가 특별했던 데에는 이유가 있습니다. 이전까지의 곤충 연구는 죽은 곤충을 채집하거나 곤충의 사체를 말린 박제를 활용한 연구가 대부분이었어요. 살아있는 곤충보다는 죽은 곤충들의 생김새를 보며 종을 분류하는 데에 그쳤던 것이죠. 하지만 파브르는 살아있는 곤충의 삶에 푹 빠졌어요.

초등학교 교사가 된 파브르는 아이들을 가르치면서도 자연과 동식물 연구를 꾸준히 이어나갔습니다. 그리고 곤충에 대해 새로운 사실을 알리는 논문으로 사람들을 놀라게 했어요. 그 중엔 노래기벌에 관한 연구도 있었어요. 파브르는 노래기벌의 먹이가 되는 비단벌레가 분명 침을 맞고 죽었는데도, 썩지 않는 모습을 이상하게 여겼어요. 그래서 매일 노래기벌과 비단벌레를 관찰한 끝에 한가지 사실을 깨달았어요. 바로 노래기벌은 모습과 색깔이 원래 그대로인 먹이를 좋아하기 때문에 비단벌레를 죽이지 않고, 침으로 마비시켰다는 것을 말이지요. 이는 파브르의 끈질긴 탐구와 관찰력 덕분에 알 수 있었던 사실이었어요.

50대가 된 파브르는 교사를 그만두고 살던 곳까지 떠나 평생의 꿈이었던 연구와 책 집필에 몰두했어요. 그리고 파브르는 56세의 나이에 자신의 연구 결과를 담은 파브르 곤충기 1권을 선보이게 됩니다. 이후 30년이 넘는 시간 동안 책을 써냈는데요. 파브르 곤충기의 마지막인 10권이 나왔을 때 그의 나이는 무려 84세였습니다. 그 안에는 170여 종류의 딱정벌레, 130여 종류의 벌을 포함한 쇠똥구리, 거미, 나방 등 1,500여 종의 곤충들의 삶이 담겨 있지요.

파브르가 노벨 문학상 후보?

파브르의 재능을 알아본 생물학자, 찰스 다윈은 그를 '누구와도 비교할 수 없는 최고의 관찰자'라고 불렀다. 거기에 파브르는 관찰 실력만큼이나 뛰어난 글솜씨를 가지고 있었다. 관찰한 곤충의 특징을 단순 묘사하는 것이 아니라 시적이고 아름다운 문장으로 승화시키는 능력이 탁월했던 것이다. 이러한 이유로 파브르는 노벨 문학상 후보에까지 올랐지만 안타깝게도 수상에까지 이르진 못했다. 만약 당시에 파브르가 수상했다면 노벨 문학상 분야에서 최초의 과학자가 되었을 것이다.

현직 초등 교사 직접 집필!

교과연계와
어린이 눈높이 연결 **초성 퀴즈**로
여러 상식을 놀이처럼 익히자!

글 이동은, 이상진, 유준상, 이다인 | 그림 한규원(필움), 신정아 | 184쪽 | 각 권 13,500원

귀여운 캐릭터가 재미있게 이야기를 이끄는
초등쌤이 알려주는 비밀 시리즈!